기자 최초 우리말 달인이 쓴

맞춤법 상식사전

이 책은 방일영문화재단의 지원을 받아 저술 · 출판됐습니다.

기자 최초 우리말 달인이 쓴

맞춤법 상식사전

김형택 지음

황금알

저자의 말

필자는 1986년 5월에 한국일보 · 일간스포츠 수습기자로 합격해 언론계에 발을 들였다. 일간스포츠 신문에서 취재와 편집을 거친 후, 통신사 뉴스1에서 편집 기자(취재는 안 하고 기사의 제목을 달고 사진 배치, 레이아웃을 하는 기자) 일을 계속하다가 2016년 교열 업무로 전환했다.(편집 기자에서 어떻게 교열 기자가 됐는지는 뒤쪽 '기자 최초 우리말 달인 오른 사연'에 써 놓았다.)

교열 업무를 시작한 후 기사 속에서 맞춤법 틀린 것을 발견하면 백수십 명이 들어가 있는 단체 카카오톡방에 설명을 올리기 시작했다. 그 내용은 그때그때 곧바로 따로 저장했다.

이 책에 들어간 340개 안팎의 내용은 기자들이 자주 틀리는 표현을 거의 10년간 꾸준히 모은 것이다. 틀린 맞춤법에서 예로 든 제목이나 문장들은 실제로 뉴스에 나온 것들이다. 맞춤법 말고도 기자들이 자주 틀리는 외래어와 함께 중요한 띄어쓰기와 붙여쓰기도 실었다. 기자 생활 39년간의 영혼을 갈아 넣은 거라고 감히 말할 수 있다.

독자 여러분이 우리말 상식을 갖춘 것을 넘어, 향후 KBS 한국어능력시험이나 언론사 입사 시험에 도움이 되길 바란다. 공부한 내용을 잘 숙지해서 언론사에 들어갔다면, 맞춤법이 틀리지 않은 완벽한 기사를 쓸 경우 부장 혹은 선배 기자들의 총애를 받을지도 모른다.

혹시나 KBS 퀴즈 프로그램 '우리말 겨루기'에 나가고 싶은 분이 있다면 일부 도움이 될 수도 있다. 이 프로그램을 한 번도 시청해 보지 않아 궁금한 분은 월요일 저녁에 KBS 1TV에서 50분간 시청한 후 흥미를 느꼈다면 도전해 보기 바란다.

독자들에게 마지막으로 당부하고 싶은 말은 궁금한 단어가 있을 때 국어사전을 자주 찾아보라는 것이다. 사전에는 발음, 활용형, 예문 등 각종 정보가 수두룩하다. 사전 찾는 버릇을 들였다면, 국립국어원 홈페이지도 들어가 보길 권한다. 사전과는 또 다른 차원의 정보가 가득하다. 이 책 내용 중에는 국립국어원 홈페이지를 뒤져 인용한 부분도 꽤 있다. 국어사전과 국립국어원 홈페이지와 친해지다 보면 우리말을 대하는 안목이 점점 넓어지게 된다.

우리말을 사랑하는 독자 여러분의 건투를 빈다.

저자 이메일 6123kht@naver.com

2025년 5월 뉴스1 편집국에서

기자 최초 '우리말 달인' 된 스토리

(2024년 4월 23일 한국기자협회보 강아영 기자 기사)

취재 · 편집 · 교열 섭렵한 베테랑, 5수 끝 '우리말 달인' 등극

[인터뷰] 김형택 뉴스1 편집위원

'강파르다'와 '걍파르다', '게정댄다'와 '거정댄다', '괘란쩍다'와 '괴란쩍다'. 그중 올바른 단어는 무엇일까. 망설임 없이 대답할 수 있다면 KBS 1TV에서 방영하는 '우리말 겨루기'에 나갈 것을 추천한다. 일반 문제도 아닌, 달인 도전 1단계 문제를 무리 없이 푼 것이기 때문이다.

김형택 뉴스1 편집위원은 2024년 4월 8일 방송된 KBS 1TV '우리말 겨루기' 997회에서 아주 가뿐하게 이 문제들을 풀었다. 출연자 4명 중 1등을 차지했고, 달인 도전 문제 3단계를 모두 통과해 제64대 우리말 달인이 됐다. 기자로선 첫 우리말 달인이다. 우리말 달인은 매년 3명 정도만 나올 정도로 매우 드물다.

김 위원이 우리말 겨루기에 출연한 것은 이번이 처음은 아니다. 그와 우리말 겨루기의 인연은 2009년으로 거슬러 올라간다. 1980년대 후반 일간스포츠에서 일주일에 세 번씩 십자말풀이를 냈던 김 위원은, 스포츠한국 편집부에서 근무하던 2008년 우연히 '우리말 겨루기'를 시청하다가 출연하고 싶은 생각이 들었다. "십자말풀이 출제를 한 2~3년간 했거든요. 국어사전을 뒤져가며 문제를 냈는데, 방송을 보니까

김형택 뉴스1 편집위원이 2024년 4월 8일 KBS '우리말 겨루기' 방송에서 제64대 달인에 오른 순간 두 팔을 벌리며 기뻐하고 있다. 왼쪽은 진행자인 박지원 아나운서.

풀 만한 거예요. 저 정도면 솔직히 조금만 공부하면 되겠다, 나도 최종 2인엔 올라갈 수 있겠다는 생각이 들더라고요."

그때부터 그는 꼬박 1년을 공부했다. 문화관광부가 2001년 펴낸 '아름답고 정겨운 우리말'을 주 교재로 삼아 4천여 단어를 달달 외웠고, 5년 치가 넘는 우리말 겨루기 방송분도 복습했다. 그 노력 덕분인지 그는 2009년 12월 첫 도전(297회)에서 곧바로 우승을 거머쥐었다. 1단계서 1,750점이라는 높은 점수로 2단계에 진출한 뒤 (두 사람이 십자말 풀이를 시작해서 한 사람이 도중에 틀리면 다른 사람이 푸는 형식) 상대에게 한 차례 기회도 주지 않고 처음부터 끝까지 모든 문제를 맞혀 우승했다. 이후로도 2016년 5월과 7월, 2019년 12월에 우리말 겨루기에 출연해 4차례 모두 우승을 차지했다. 다만 '띄어쓰기'에 발목을 잡히며 매번 달인 등극엔 실패했다.

우리말 겨루기 출연은 삶의 행로도 바꿔놓았다. 2016년 5월 우승을 하고 두 달 뒤 우승자 다시 겨루기에서 또 한 번 우승한 때였는데 마침 교열 인력이 그만두면서 그에게 교열을 봐달라는 제안이 왔다. 한국일보 45기 수습기자로 입사했다가 취재기자를 거쳐 20년 넘게 편집 일을 했던 그는 그렇게 기자 인생 후반부, 교열이라는 새로운 길을 걷게 됐다. "취재, 편집을 하다가 교열을 보게 된 아주 희한한 약력이죠. 그런데 또 적성에 맞아요. 제가 좀 꼼꼼한 성격이거든요. 지금도 담배를 안 피워서 그런지 사람 이름, 전화번호는 잘 외웁니다(웃음)."

2019년 우승 이후로 한동안 우리말 겨루기 출연을 쉬었던 그는 2024년 또 한 번 도전을 결심했다. 원래 2023년에 나가려 했지만 '삼재'였단다. 기왕이면 삼재는 피하자, 그리고 우승의 기를 받아보자는 생각에 2023년 한국기자협회 주최 제1회 여성 회원 풋살 대회에서 MVP를 받은 같은 부서(통합뉴스부) 심현영 기자에게 응원도 요청했다. "깻잎 한 장 차이로 매번 달인이 안 되니까 샤머니즘을 동원한 거예요. 심현영 기자와 함께 응원 온 김송이 기자도 얼마 전 미국 뉴욕을 여행하면서 월가에서 행운을 가져다 준다는 황소 동상의 거시기를 만지고 왔거든요. 어떻게 보면 우주의 기운을 모은 셈이죠. 솔직히 이번에 달인 안 되면 그만 도전하자, 개인적으로 다짐까지 했어요."

다만 달인 등극의 길은 쉽지 않았다. 예전엔 실력과 관계없이 출연자를 배정했다면 최근엔 실력에 맞춰 출연자를 정하는 터라 김 위원은 엄청난 실력자들과 함께 출연하게 됐다. 김 위원을 포함해 4명의 우승 횟수가 무려 12회(김 위원 우승 4회, 전직 교사 하영옥 3회, 회사원 김은경 3회, 영어교사 김영민 2회)에 달하는 '죽음의 조'에 배정된 것이다. "월드컵에 비유하면 아르헨티나, 프랑스, 스페인, 브라질이 한 조가 된 거예요. 심지어 함께 출연하게 된 하영옥 씨는 (3차례 우리말 겨루기 출연분을 다시 보기로 봤더니) 축구선수 리오넬 메시급의, 어마어마한 실력을 갖춘 분이에요. 우승하지 못할 거란 생각에 차라리 녹화 날 회사에 일이 있다고 한 달 뒤로 미룰까, 고민까지 했습니다(웃음)."

그래도 어쩌랴, 출연 한 달 전부터 그는 주중엔 3~4시간씩, 주말엔 8~10시간씩 우리말 공부에 매진했다. 공부를 위해 연차 휴가도 두 번 냈다. 2020년부터 3년 치 방송분을 복습하고 A4 용지 120장 정도로 기출문제를 모은 파일을 포함해 도합 6천여 개의 단어를 무한 반복해서 복습했다. 수능 때도, 언론고시 때도 이 정도로 공부하진 않았다. 그럼에도 큰 기대는 없었다.

그런데 녹화 날, 하늘이 도운 건지 그간의 노력이 빛을 발한 건지 김 위원은 쟁쟁한 참가자들을 제치고 우승을 한 데 이어 달인 도전 3단계 문제까지 모두 통과했다. 드디어 우리말 달인으로 등극한 것이다. "정말 울컥했어요. 눈물이 살짝 맺히면서 드디어 한을 풀었다는 생각이 들더라고요. 우승자들이 많으니, 작가들도 작정하고 어려운 문제를 냈고 달인 도전 마지막 문제는 집에서 풀 때도 네댓 번 중에 한 번 맞히는 정도였는데. 정말 하늘이 내려 줬다고 생각했습니다."

달인이 된 그는 앞으론 자력으로 우리말 겨루기에 출연하지 못한다. 대신 달인들만 모은 왕중왕전에 출연할 수 있다. "달인이 서너 명 더 나오면 2~3년 뒤엔 왕중왕전을 할 수 있을 것 같아요. 이미 예의주시하고 있는 달인도 있습니다. 석 달 전에 달인이 된 분인데 25살에 처음 출전하자마자 달인이 됐거든요. 그때가 되면 또 한 달간 바짝 공부해서 열심히 겨뤄 보겠습니다."

차 례

틀리기 쉬운 순우리말

〈ㄱ〉

틀리기 쉬운 한자어

반드시 붙여 써야 할 단어들

잘 틀리는 외래어 / 외국어

〈ㄱ〉

〈ㄴ〉

표준국어대사전에는 없지만, 고려대 한국어대사전에는 있는 단어

틀리기 쉬운 순우리말

〈ㄱ〉

'가능한 빨리'가 왜 틀리지?

"서류를 가능한 빨리 제출해 주십시오." 이런 문장 흔히 볼 수 있다. 하지만 잘못된 표현이며 '가능한 한 빨리'가 맞다.

'가능한'이란 형용사는 뒤에 명사나 의존명사가 온다는 특징이 있다. '가능한 일이다, 가능한 때에 오세요'처럼.

"가능한 빨리 제출해 주십시오"는 '가능한' 다음에 '빨리'라는 부사가 온 문장으로, '가능한'이 수식할 말이 없는 상태다. 그래서 '한(限)'이란 명사를 써서 "가능한 한 빨리 제출해 주십시오"로 고쳐야 바른 문장이 된다.

갈갈이 / 갈가리

“광복은 독립운동의 결과라기보다 외세와 일본의 패망 때문이라는 왜곡된 역사관이 우리 국민과 독립 유공자 후손들의 마음을 ‘갈갈이’ 찢어놓고 있다.” 2024년 물의를 일으켰던 신임 독립기념관장과 관련된 기사 중 한 부분이다.

여기서 ‘갈갈이’는 ‘갈가리’로 고쳐야 알맞다. ‘갈가리’를 사전에서 찾아보면 ‘여러 가닥으로 갈라지거나 찢어진 모양’을 뜻하는 ‘가리가리’의 준말로 나오며, ‘신문지를 갈가리 찢었다’처럼 사용된다.

반면, ‘갈갈이’는 사전에 ‘가을갈이(다음 해의 농사에 대비하여, 가을에 논밭을 미리 갈아 두는 일)’의 준말로, ‘갈가리’와는 뜻도 품사도 완

전히 다르다.

한편, 2000년대 초반 개그맨 박준형이 이름을 날린 KBS '개그콘서트'의 코너 '갈갈이'는 앞에서 얘기한 것과 전혀 다르다. '갈갈이'는 박준형이 무를 앞니로 갈아 내는 코너라서 '갈갈이'라고 지은 것이다.

(담배 한) 개피(X) 한 개비(O)

흡연 구역에서 담배 피우는 분들에게 '개피, 개비' 중 어느 것이 맞냐고 물어보면 선뜻 정답을 말하는 사람 그다지 많지 않을 거다.

담배 한 개처럼 '가늘게 쪼갠 나무토막이나 기름한 토막의 낱개'는 '개비'다. '개피'를 사전에서 검색하면 '개비의 잘못'으로 쓰여 있다.

내 꺼(X) 내 거(O)

가수 이현의 노래 중에 '내 꺼 중에 최고'라는 노래가 있다. 노래 제목이 틀렸다고 당장 바꾸라고 할 수는 없지만, '내 거'가 맞는 것이라고 알고는 있어야 한다.

여기서 '거'는 '것'을 구어적으로 이르는 말이다. '내 거'가 '내 것'에서 온 거로 생각하면 '내 꺼'라고 헷갈릴 일은 없을 듯하다.

거에요(X) 거예요(O)

인터뷰나 멘트에서 '~할 거에요'라고 자막을 잘못 쓰는 방송 매체들 간혹 있다. 제대로 된 표현은 '거(것의 구어체)+이에요'에서 줄어든 '거예요'다.

그런데 '아니다'에서 파생된 말은 '아니예요'가 아니라 기본형 '아니다'에 어미 '에요'가 붙은 '아니에요'가 옳다.

걷잡다 / 겉잡다

경제 기사에 종종 나오는 문장이다. "주식시장이 미국 시장의 영향을 받아 겉잡을 수 없이 폭락했다." 여기서 옳은 문구는 '걷잡을 수 없이'다. '한 방향으로 치우쳐 흘러가는 형세 따위를 붙들어 잡다'는 '걷잡다'로 사전에 실려 있다.

반면에 '겉잡다'는 '겉으로 보고 대강 짐작하여 헤아리다'로 '예산을 대충 겉잡아서 말하지 말고 잘 뽑아 보시오'처럼 사용된다.

걸맞는(X) 걸맞은(O)

"초고령사회에 '걸맞는' 간호와 돌봄을 제공하려면 간호인력의 업무 범위 등이 체계적으로 규정된 독자 법이 필요합니다." 2024년 정부의 의대 정원 2천 명 증원 계획에 따라 발생한 의료 대란 중에 대한간호협회 관계자가 한 말이다.

'걸맞는'은 '걸맞은'으로 수정해야 한다. '두 편을 견주어 볼 때 서로 어울릴 만큼 비슷하다'는 의미의 '걸맞다'는 형용사이므로 어미 '~은'과 결합해 '걸맞은'의 형태로 응용하면 된다. 만약 '걸맞다'가 동사라면 '걸맞는'이 맞았을 거다.

마찬가지로 형용사 '알맞다'의 활용형도 '알맞는'이 아니라 '알맞은'이며, "빈칸에 알맞은 말을 고르시오"처럼 시험 문제에 단골로 쓰이는 문구다.

검정색(X) 검은색(O)

많은 사람이 맞다고 알고 있는 '검정색'이 도대체 왜 틀린 걸까. '검정'이 '검은색'이란 뜻이므로 '검정색'은 중복된 잘못된 단어다. '검정색'을 사전에 쳐 보면 '검은색'의 비표준어라고 실려 있다.

마찬가지로 '빨강색, 노랑색, 파랑색'이 아니라 '빨간색, 노란색, 파란색'이다.

결단난다(X) 절단난다(X) 결딴난다(O)

"이재명 더불어민주당 대표가 2024년 22대 총선을 앞두고 '저 사람들(국민의힘) 다시 혹시 국회 과반을 차지하거나 그러면 이 나라 절단난다'고 말했다." 모 경제신문 정치 기사의 일부다. 여기서 '절단난다'는 '결딴난다'로 수정해야 한다. 또 다르게 쓰이는 틀린 동사는 '결단난다'도 있다.

'어떤 일이나 물건 따위가 아주 망가져서 도무지 손을 쓸 수 없게 된 상태'나 '살림이 망하여 거덜 난 상태'를 가리키는 순우리말은 '결딴'이고, 동사로 쓰면 '결딴나다'가 마땅하다.

곱배기(X) 곱빼기(O)

대다수 중국 음식점 벽에 걸린 메뉴에 '짜장면 곱배기'라고 쓰여 있다. 그런데 바른 표현은 '곱빼기'다. 사전에 보면 '음식에서, 두 그릇의 몫을 한 그릇에 담은 분량'이라고 적혀 있다.

'곱빼기'는 '곱' 뒤에 '그런 특성이 있는 사람이나 물건'의 뜻을 더하는 접미사 '-빼기'가 붙은 것이다. '빼기'가 붙는 단어에는 '밥빼기(동생이

생긴 뒤에 샘내느라고 밥을 많이 먹는 아이)'와 '악착빼기(몹시 악착스러운 사람을 낮잡아 이르는 말)도 있다.

'빼기'는 '비하'의 뜻을 나타내는 접미사로 쓰이기도 하는데 '코빼기'는 코를 낮잡아 이르는 말로, '사흘이 가고 닷새가 지나도 사내는 코빼기도 내밀지 않았다'처럼 사용된다.

'곱배기'라고 잘못 알려진 이유는 아마도 '배'라는 글자가 2배, 3배 할 때의 한자어 배(倍)라고 착각하기 때문이다.

'구름량'이 왜 틀린 단어일까. 구름양(O)

"한반도 폭염은 주로 낮에 일사량이 강하게 오면서 만들어진 폭염이

었는데, 올해는 수증기와 '구름량'이 증가하면서 이로 인해 최저 기온이 떨어지지 않았다." 2024년 여름 폭염 원인에 관한 한 TV 뉴스 기사다.

이 기사 속의 '구름량'이 왜 잘못된 건지 설명하자면, 한자 量(양)은 '생산량, 소비량'처럼 한자어 다음엔 '량'으로 쓰고, '구름양, 알칼리양' 처럼 고유어나 외래어 다음엔 '양'으로 쓰기 때문이다. 국어사전에 '양' 을 뒤져 보면 2번째 뜻에 나오는 설명이다.

이 단어는 KBS '한국어능력시험'에 대다수가 틀리도록 유도하는 이른바 '킬러(초고난도) 문항'으로 출제될 수 있다.

궁시렁궁시렁(X) 구시렁구시렁(O)

한때 이런 난센스 퀴즈가 있었다. "왕이 궁에 들어가기 싫을 때 하는 말은?" 답은 '궁시렁궁시렁'이다. '궁 싫어 궁 싫어'라고 해서.

하지만 '궁시렁궁시렁'은 틀린 부사다. 사전에 '못마땅하여 군소리를 자꾸 듣기 싫도록 하는 모양'은 '구시렁구시렁'이라고 실려 있다. 의성어나 의태어도 소리 나는 대로 대충 쓰는 게 아니라 국어사전에 모두 정해져 있다.

귀뜸했다(X) 귀띔했다(O)

"한 공인중개사는 '올해 30억 원대 거래가 나온 2단지와 5단지는 가운데 공원과 상가를 낀 인접 단지'라며 '추격 매수와 그에 따른 가격 키 맞추기가 주변 거래 시장에서 나타나고 있다'고 귀뜸했다." 이 문장에 틀린 동사가 있다.

'상대편이 눈치로 알아차릴 수 있도록 미리 슬그머니 일깨워 줌'을 뜻하는 명사를 '귀뜸'이라고 잘못 쓴 기사들 간혹 있다. 제대로 된 표현은 '귀띔'이다. '그는 나에게 빨리 자리를 피하라고 귀띔해 주었다'처럼 사용된다.

'귀띔'보다는 '귀뜸'이 읽기에 다소 편해서 잘못 쓰는 것 같다.

차가(X) 막혔다, 길이(O) 막혔다

"차가 막혀서 약속 늦었어." 이런 말 틀린 줄 모르고 곧잘 쓴다.

'막히다'는 '막다'의 피동형으로 '길이나 통로 등이 통하지 못하게 되다'라는 의미를 갖고 있다. 따라서 '차가 막히다'는 성립하지 않는다. 차가 많아서 길이 막히는 것이므로 '길이 막히다'가 올바르다.

싸그리(X) 깡그리(O)

'하나도 남김없이'라는 단어를 '싸그리'라고 알고 있는 사람들 숱하다. 바른 부사는 '깡그리'다.

'깡그리'는 보기와 달리 의외로 표준어이고, 사전 예문에는 '아내는 벌써 깡그리 잊어 먹은 척 행동했다'로 실려 있다. '싸그리'는 전라남도 방언이다.

이 두 단어는 KBS '우리말 겨루기'에서 여러 번 나올 만큼 문제로 내기에 적합한가 보다.

깨우치다 / 깨치다

'깨치다'와 '깨우치다'의 차이가 뭐냐고 물으면 금방 답할 수 있는 사람은 많지 않다.

‘깨치다’는 ‘일의 이치 따위를 (자기 자신이) 깨달아 알다’라는 뜻이고, ‘깨우치다’는 ‘(다른 사람에게) 깨달아 알게 하다’라는 뜻을 나타내는 동사다. ‘동생이 한글을 깨쳤다’ ‘누나가 동생의 잘못을 깨우쳐 주다’처럼 쓰인다.

가수 양희은이 불러서 유명해지고, IMF 외환위기 시절 골프 선수 박세리가 미국 LPGA 대회에서 양말 벗고 물에 들어가 골프공을 칠 때 나오는 유명한 노래 ‘상록수’의 가사 중 ‘깨치고 나아가 끝내 이기리라’는 바르게 사용된 사례다.

꺼려하다(X) 꺼리다(O)

‘좋다, 싫다’ 같은 형용사에 ‘~하다’가 붙어서 동사 ‘좋아하다, 싫어하다’처럼 바뀐다. 그런데 ‘꺼리다’는 원래 동사라서 ‘꺼려하다’처럼 쓰지 못한다. 그냥 ‘꺼리다’로 적으면 된다. 네이버 사전에 ‘꺼려하다’를 검색하면 ‘꺼리다’의 비표준어로 적혀 있다.

껍데기 / 껍질

포털 사이트 네이버에서 오래전에 사라진 상단 ‘검색어 순위’에 일상생활과 관련된 ‘달걀 껍질의 활용법’이라고 나온 적 있다. ‘달걀 껍질’이란 표현은 언뜻 맞는 것 같지만 틀린 거다.

물체의 겉을 싸고 있는 물질 중 딱딱한 것은 '껍데기', 딱딱하지 않은 것은 '껍질'이라고 나타내기 때문이다. 귤을 싸고 있는 것은 부드러우므로 '귤껍질'이다. 달걀의 흰자를 싸고 있는 물질은 딱딱하므로 '껍데기'라고 써야 한다.

고깃집 메뉴 중 하나인 '돼지껍데기'는 딱딱하지 않으므로 '돼지껍질'이라고 해야 한다. 그런데 대부분 고깃집에 '돼지껍데기'로 잘못 붙어 있다. 고깃집 메뉴 이름으로 굳어져서, 언제쯤 바르게 고쳐질지 궁금하다. 워낙 오래 사용되다 보니, 아마도 영원히 '돼지껍데기'로 남을 것 같기도 하다.

또 1960~70년대 노래 중 가수 윤형주의 '라라라' 가사 중 '조개껍질 묶어'도 사실은 '조개껍데기'라고 써야 올바르다.

그런데 겉이 다소 딱딱한 '밤'의 경우 '밤껍질'인지 '밤껍데기'인지 헷갈리는데, 사전에 붙여 쓰는 '밤껍질'로 올라와 있다.

날씨가 꾸물꾸물(X) 끄물끄물(O)

흔히들 "오늘 날씨가 꾸물꾸물하네"처럼 얘기한다. 그러나 '날씨가 활짝 개지 않고 몹시 흐려지는 모양'이나 '불빛 따위가 밝게 비치지 않고 몹시 침침해지는 모양'을 뜻하는 부사는 '꾸물꾸물'이 아니라 '끄물끄물'이다. '하늘이 갑자기 끄물끄물 흐려지다'처럼 활용하며 '그물그물'의 센 말이라고 사전에 기록돼 있다.

한 끝(X) 한 끗(O) 차이로 이겼다

'화투나 투전과 같은 노름 따위에서, 셈을 치는 점수를 나타내는 단

위'는 사전에 '끝'이 아니라 '끗'이라고 등재돼 있으며, "점심 내기 화투 섰다 판에서 내가 두 끗 차이로 져서 점심 한턱 쐈다"처럼 쓰인다.

'끗'이 아니라 '끝'으로 잘못 아는 이유는 우리 일상생활에서 '끗'보다는 '끝'이란 단어가 다소 익숙하기 때문으로 추정된다.

고려대 한국어대사전에는 '한끗'을 한 단어로 올려놓았는데 '근소한 차이나 간격이 있음을 속되게 이르는 말'로 나오며 "우리 팀이 한끗 차이로 이겼다"처럼 쓸 수 있다.

참고로 '노름 따위에서 좋은 끗수가 잇따라 나오는 기세'나 '아주 당당한 기세'를 뜻하는 단어는 '끝발'이 아니라 '끗발'이다. 이 단어는 "끗발이 좋아야 돈을 따지" "첫 끗발이 개끗발"처럼 화투 놀이에서 자주 쓰인다.

(첫 단추를) 꿰다(X) 끼우다(O)

"사업에서 첫 단추를 잘 꿰어야 성공할 수 있다." 우리 생활에서 들을 수 있는 대화지만 틀린 데가 하나 있다.

'꿰다'는 '실이나 끈 따위를 구멍이나 틈의 한쪽에 넣어 다른 쪽으로 내다' '어떤 물체를 꼬챙이 따위에 맞뚫려 꽂히게 하다' '물체를 뚫고 지나다' 등의 의미를 가진 용어다.

이를테면 속담에서처럼 '구슬이 서 말이라도 꿰어야 보배'처럼 쓸 수 있다. 그러므로 '첫 단추를 꿰다'라는 표현은 어색하다. 여기서는 '꿰다' 대신 '벌어진 사이에 무엇을 넣고 죄어서 빠지지 않게 하다'는 뜻의 '끼우다'를 쓰는 것이 적당하다.

'첫 단추를 끼우다'는 '새로운 과정을 출발하거나 일을 시작하다'는 의미의 관용어로, 이런 의미로 쓴다면 '끼우다'로 써야 한다. 만약 '단추를 꿰다'로 쓴다면 새로운 일을 시작한다는 의미보다는 '옷 따위에 단추를 달다'는 의미로 해석할 수도 있다.

〈ㄴ〉

나지막히(X) 나지막이(O) 속삭였다

매년 1월 6일이면 대구에서 가수 김광석 추모제가 열린다. 이와 관련된 기사에서 "관객들은 뮤지션들이 열창하는 김광석의 노래를 '나지막히' 따라 부르며 틈틈이 큰 박수를 보냈다"라고 나온 적 있다.

그러나 '위치가 꽤 나직하게, 소리가 꽤 나직하게'라는 부사는 '나지막히'가 아니라 '나지막이'가 맞다. '나지막이'는 또한 '나즈막이, 나즈막히'로 잘못 쓰기도 한다.

'나지막이'와 발음이 비슷한 부사 중에 '시간이나 기한이 매우 늦게'라는 단어는 '느지막이'가 맞는데, '느지막히'로 잘못 쓰는 사람도 허다하다.

'-이'가 붙는 부사를 구별하는 방법을 소개하면, '하다'로 끝나는 형용사가 '조용히'처럼 '히'로 발음되는 경우 '히'가 되지만, 앞에 ㅅ, ㄱ

받침이 올 경우 '깊숙이, 깨끗이, 나지막이, 두둑이'처럼 '-이'가 붙는다고 기억하면 어떨까.

낯설음(X) 낯섦(O)

'사물이 눈에 익지 아니하다'는 뜻의 형용사인 '낯설다'의 명사형을 '낯설음'이라고 쓴 기사를 언론에서 종종 볼 수 있다. 적합한 표현은 '낯섦'이다.

'~음'이 붙는 경우는 '믿음, 웃음'처럼, ㄹ을 제외한 받침 있는 단어의 어간 뒤에 붙는다.

내딛었다(X) 내디뎠다(O), 내딛은(X) 내디딘(O)

'사회 초년생이 첫발을 내딛었다, 첫발을 내딛은 공무원' 같은 문구 자주 쓰는데, 옳은 표기는 '내디뎠다, 내디딘'이다. 동사 원형 '내딛다'에 어미 '~었다'가 붙은 '내딛었다'는 맞는 것처럼 보이지만 잘못된 거다.

한글 맞춤법은 동사나 형용사의 줄어든 말에 모음 어미를 활용하는 건 허용하지 않는다. '내딛다'의 줄어들기 전 동사 원형은 '내디디다'다. 거기에다 '~었다'가 붙어 '내디뎠다'로 써야 한다. '가지다'의 준말이 '갖다'인데, 거기다 '~었다'를 붙인 '갖었다'라고 틀리게 쓰는 사람은 거

의 없다. '모임을 가졌다' 등으로 바르게들 쓴다.

'서두르다'의 준말이 '서둘다'인데, '~었다'를 활용한 '서둘었다'라고 틀리게 쓰는 경우 없으며 '서두르다'에서 활용한 '서둘렀다'로 맞게 쓴다. 앞서 말한 원칙으로 모음 어미가 붙은 '내딛은'이라고 쓰면 안 되고 '내디딘'이라고 써야 한다.

하지만 준말 '내딛다'에 자음 어미가 붙은 '내딛는다'는 허용된다. '가지다'의 준말을 자음 어미로 응용한 '모임을 갖는다'도 알맞다.

결론은, 위에 언급한 동사 중에 엄청나게 틀리게 쓰는 '내딛었다, 내딛은'은 절대 쓰지 말고, '내디뎠다, 내디딘'으로 바르게 쓰자.

내노라하다(X) 내로라하다(O)

'어떤 분야를 대표할 만하다'라는 단어를 '내노라하다'로 잘못 쓰는 이들 많다. 제대로 된 단어는 '내로라하다'다. '내노라하다'가 발음하기에 다소 편해서 잘못 쓰는 듯하다.

동사 '내로라하다'가 어떻게 이루어져 있나 살펴보면, '내로라-'는 '나+이+도(모음 사이에서 '로'로 바뀜)+다'의 구조로 돼 있다.

내비췄다(X) 내비쳤다(O)

"승리에 대한 강한 의지를 내비췄다." 여기서 '내비췄다'는 '내비쳤다'의 잘못된 표현이다. '내비추다'라는 단어는 사전에 없다.

'내비치다'는 사전에 [1. 빛 따위가 앞이나 밖으로 비치다 2. 속의 것이 겉으로 드러나 보이다 3. 어떤 모습이나 행동 따위를 밖으로, 또는 사람들 앞에 드러내다]라고 나오며 "아파트 창문에서는 불빛이 밝게 내비쳤다"처럼 활용한다.

너댓(X) 너덧(O) 네댓(O)

(너댓, 네댓) 사람이 모이다. 둘 중 어떤 단어가 맞을까. 2019년 6월 3일 '우리말 겨루기' 우승자의 달인 도전 1단계 맞춤법 문제다. '넷이나

다섯쯤 되는 수'를 말할 때 흔히 '너댓'이란 표현을 많이 쓰지만 이는 '네댓' 혹은 '너덧'의 잘못된 사용이다.

'네댓'은 '두세, 서너, 대여섯, 예닐곱' 등 두 가지 숫자를 아울러 나타내는 말 중에 유일하게 엄청나게 틀리는 단어다.

참고로 7과 8을 아울러 말하는 단어 '일고여덟'의 준말은 독특하게도 '일여덟'이다.

너네(X) 너희(O)

동네 아이들끼리 대화할 때 곧잘 이렇게 말한다. "너네 집에 가서 놀자." 바른 문장 같지만 틀린 데가 있다. '너네'를 사전에서 뒤져 보면 '너희'의 비표준어라고 적혀 있다.

'너희'는 '듣는 이가 친구나 아랫사람들일 때, 그 사람들을 가리키는 이인칭 대명사'다.

널부러지다(X) 널브러지다(O)

예전 연예 기사에 이런 문장 있었다. "걸그룹 브레이브걸스, 널부러져 자는 모습도 귀엽죠?" 여기서 '널부러져'는 '널브러져'로 바꿔야 한다. '너저분하게 흐트러지거나 흩어지다' '몸에 힘이 빠져 몸을 추스르지 못하고 축 늘어지다'라는 의미의 단어는 '널브러지다'가 표준어다.

‘놀래켰다’는 표준어가 아니다

2025년 2월 하얼빈 동계아시안게임 기사 중에 한 경제신문에 “이승훈(20)은 지난 8일 프리스타일 스키 하프파이프에서 금메달을 따내며 세상을 놀래켰다”라는 문장 나왔다.

‘놀래키다’를 사전에 찾아보면 ‘놀래다(놀라게 하다)’의 충청도 방언으로 나온다. ‘놀래다’는 ‘놀라다’의 사동사로 ‘뒤에서 갑자기 나타나서 그를 놀래 주자’처럼 쓰면 맞다.

눈꼽(X) 눈곱(O)

“반려동물이 감기에 걸리면 콧물과 ‘눈꼽’ 등의 증상을 보인다.” 인터넷 뉴스에서 나온 문장이다. 일반인들이 발음을 세게 하는 경향이 있기 때문에 ‘눈꼽’이라고 말하지만 ‘눈곱’이 맞는 단어다.

사전에서 ‘눈곱’을 검색하면 ‘눈에서 나오는 진득진득한 액. 또는 그것이 말라붙은 것’이라고 나와 있다. ‘눈곱’은 ‘눈’과 ‘곱’이 결합된 파생어로 ‘눈’의 받침 ‘ㄴ’이 뒤에 오는 자음 ㄱ을 경음(된소리)화시켜 [눈꼽]으로 발음하기도 하지만 ‘눈곱’을 표준어로 삼았다.

원래 ‘곱’은 동물의 지방을 가리키던 말인데, ‘곱창’ 속의 하얀 부분인 ‘곱’과 비슷하다고 보면 이해가 쉬울 듯하다.

있을런지(X) 있을는지(O), ~할런지(X) ~할는지(O)

"오늘 무슨 이야기를 할런지 나도 모르겠다." "목표들을 어떻게 효과적으로 달성할 수 있을런지 모르겠다." '할런지(할른지)' '있을런지(있을른지)' 등은 일상생활에서 자주 사용하는 말이다. 그런데 이들 모두 적절한 표현이 아니다. '할는지, 있을는지'가 옳은 말이다.

'-ㄹ는지'는 '뒤 절이 나타내는 일과 상관이 있는 어떤 일의 실현 가능성에 대한 의문을 나타내는 연결어미'다. '그 의문의 답을 몰라도' '그 의문의 답을 모르기 때문에' 따위의 의미를 나타낸다. "비가 올는지 습한 바람이 불기 시작했다" "손님이 올는지 까치가 아침부터 울고 있다" 처럼 응용하면 된다. '-ㄹ는지' 대신 그냥 '-ㄹ지'라고 해도 된다.

늘상(X) 늘, 노상, 항상(O)

국민 MC이자 '유느님'이라 불리는 방송인 유재석 씨가 나오는 tvN '유퀴즈 온더블럭'을 즐겨 본다. 그는 방송 중에 '늘상'이란 단어를 자주 사용한다. 유느님이 쓰는 단어 '늘상'은 애석하게도 표준어가 아니며, 바른 표현은 '늘' 혹은 '항상'이다.

'늘상'이라고 잘못 쓰는 이유는 아마도 '항상(恒常, 언제나 변함없이)'이라는 비슷한 단어가 있어서인 듯하다. 또한 비슷한 부사로는 '언제나 변함없이 한 모양으로 줄곧'이란 뜻의 순우리말 '노상'도 있다.

〈ㄷ〉

달디단(X) 다디단(O) 밤양갱

2024년 2월 가수 비비의 노래 '밤양갱'이 선풍적인 인기를 끌었다. 가사를 들여다보면 '달디달고 달디달고 달디단 밤양갱'이라고 쓰여 있다. 노래를 따라 부르는 사람들은 이 가사가 맞춤법에 맞는다고 생각할 수 있지만, 애석하게도 '다디달고 다디단'이 바르다.

우리말에서는 형용사의 뜻을 강조할 때 그 어간을 반복해 사용한다. '쓰디쓴, 곱디고운, 차디찬'은 '쓰다, 곱다, 차다'를 강조한 것이다.

그런데 '달디단'은 맞춤법에 어긋난다. 기본형이 '다디달다'로 사전에 나오므로 '다디단'으로 써야 옳다. 한글 맞춤법에서 끝소리가 'ㄹ'인 말과 다른 말이 어울릴 때 'ㄹ' 소리가 나지 않는 것은 안 나는 대로 적는다고 규정하고 있다. 이를테면 '따님, 다달이, 마소, 자디잘다' 등이 있다.

참고로 '다디달다, 쓰디쓰다, 곱디곱다, 차디차다, 자디잘다'처럼 '-디'가 붙는 단어들은 모두 붙여 쓴다.

그런데, '매우 길다'라는 형용사는 앞서 설명한 것과 달리 ㄹ이 탈락한 '기디길다'가 아니라 '길디길다'가 맞다.

단촐한(X) 단출한(O)

"그 백화점은 백화점 중심의 '단촐한' 사업 포트폴리오를 갖고 있다." 여기서 '단촐한'이 당연히 맞다고 많은 사람이 생각하겠지만 야속하게도 '단출한'이 표준어다.

'식구나 구성원이 많지 않아서 홀가분하다' 또는 '일이나 차림차림이 간편하다'라는 뜻의 형용사는 '단출하다'이다. 이 단어를 '단촐하다'라고 잘못 쓰는 이유는 아마도 '조촐하다'라는 비슷한 어감의 단어가 있어서인 것 같다.

(힘이) 딸리다(X) 달리다(O)

'힘이 딸리다, 힘이 달리다' 어떤 게 맞을까. 몇 년 전 KBS '우리말 겨루기' 시청자 문제로 나왔다.

여기서는 '힘이 모자라다'는 의미이므로 '달리다'가 올바른 동사다. '달리다'는 '재물이나 기술, 힘 따위가 모자라다'라는 사전적 의미를 지니고 있어, '힘이 달리다' '일손이 달리다' 등으로 쓰인다. '힘이 딸린다'처럼 잘못 쓰는 이유는 아마도 발음을 세게 하는 경향이 있어서 그런 듯하다.

반면에 '딸리다'는 '어떤 것에 매이거나 붙어 있다, 어떤 부서나 종류에 속하다'는 뜻으로 '애 딸린 과부' '앞마당 딸린 주택'처럼 쓴다.

닭벼슬(X) 닭볏(O) 머리

잉글랜드 축구 선수 출신 데이비드 베컴의 선수 시절 머리칼 가운데 부분만 앞에서부터 뒤로 뾰족하게 솟은 예전 헤어스타일을 '닭벼슬 머리'라고 뉴스에 나온 적 있다. 제대로 된 표기는 '닭볏 머리'다.

사전에 '볏'을 뒤져 보면 '닭이나 새 따위의 이마 위에 세로로 붙은 살 조각'으로 적혀 있다. '벼슬'은 '관아에 나가서 나랏일을 맡아 다스리는 자리. 또는 그런 일'로, 닭과 아무 관련이 없다.

(김치를) 담궜다(X) 담갔다(O), 문을 잠궜다(X) 잠갔다(O)

'김치를 담궜다, 문을 잠궜다'라고 말하는 어머니들 주위에 숱하다. 아쉽게도 모두 잘못된 표현이다.

동사 원형이 '담그다, 잠그다'이고 어근 '담, 잠'이 양성 모음이므로 모음조화에 따른 활용으로, 바른 동사는 '김치를 담갔다, 문을 잠갔다'이다.

김장철에 '김치를 담았다'로 잘못 쓰는 때도 있다. '김치를 담았다'는 '김치 · 술 · 장 · 젓갈 따위를 만드는 재료를 버무리거나 물을 부어서, 익거나 삭도록 그릇에 넣어 두다'라는 의미가 아니라, 그냥 '김치를 접시에 담았다'로, '담갔다'와 전혀 다른 얘기다.

(불을) 당기다(X) 댕기다(O)

기자들이 기사에 '어떤 계기가 됐다'는 의미로 '불을 당기다'라는 표현을 자주 쓴다. 사전에 보면 '불을 옮아 붙게 하다'는 단어는 '불을 당기다'가 아니라 '불을 댕기다'로 쓰는 게 적당하다.

또 '당기다, 댕기다, 땡기다'를 헷갈리는 경우도 적지 않다. '당기다'는 추상적인 대상에 대해 사용하는 경우가 많으며 (구미가 당기다, 입맛이 당기다 등), '댕기다'는 보통 불과 함께 사용한다.

'땡기다'는 표준어가 아니다. 배달앱 이름인 '땡겨요'는 맞춤법에 맞지 않는 것으로 '입맛이 당겨요'를 세게 발음해서 쓴 걸로 볼 수 있다.

~던지 / ~든지

'–든지'와 '–던지' 두 가지 어미 활용을 구분하지 못하는 사람들 있다. '–든지'는 나열된 동작이나 상태, 대상들 중에서 어느 것이든 선택될 수 있음을 나타내는 연결 어미로 '먹든지 말든지 알아서 해'처럼 쓰인다.

반면에 '–던지'는 막연한 의문이 있는 채로 그것을 뒤 절의 사실이나 판단과 관련시키는 데 쓰는 연결어미로 '얼마나 춥던지 손이 곱아 펴지지 않았다, 애가 얼마나 잘 먹던지'처럼 사용된다.

이거냐 저거냐 선택의 상황에서는 '~든지, 든가, ~든'을 쓴다고 기억하면 된다.

덤탱이(X) 덤터기(O)

"엉뚱한 사람에게 덤탱이 씌우지 마라." 이런 말 자주 들어 봤을 거다.

'남에게 넘겨씌우거나 남에게서 넘겨받은 허물이나 걱정거리' 혹은 '억울한 누명이나 오명'을 뜻하는 단어는 표준국어대사전에 '덤터기'라고 적혀 있다. '덤탱이'는 표준국어대사전에 나오지는 않지만, 고려대 한국어대사전에 '덤터기를 속되게 이르는 말'이라고 나온다.

'덤터기'와 '덤탱이' 중 맞는 것을 고르라는 시험 문제가 있다면, 당연히 표준국어대사전을 따라 '덤터기'라고 답해야 한다. '덤탱이'가 발음하기에 '덤터기'보다 쉽다 보니 항간에 좀 더 퍼진 듯싶다.

눈 덮힌(X) 덮인(O) 산

'물건 따위가 드러나거나 보이지 않도록 넓은 천 따위가 얹혀 씌워지다'인 '덮다'의 피동사는 '덮히다'가 아니라 '덮이다'이다.

발음에서 별 차이가 없기 때문에 많은 사람이 헷갈린다. "어머니가 외출하셨는지 밥상이 보자기로 덮여 있었다"처럼 활용한다.

또 하나 헷갈리는 단어가 '높다'의 사동사인데, '높히다'가 아니라 '높이다'가 올바르다. 이 동사 역시 발음으로는 전혀 구별할 도리가 없다. "방이 추우니까 온도를 높여라"처럼 쓰인다.

'-히다'가 아니라 '-이다'로 써야 하는 두 동사 '덮이다, 높이다'는 표

받침 들어가면 '-히다'가 아니라 '-이다'가 붙는다고 기억해 놓으면 쉽지 않을까.

(불에) 데이다(X) 데다(O), (날씨가) 개이다(X) 개다(O)

뉴스에 나왔던 제목이다. "위안부 합의됐지만 '불에 데일라' 속도 못 내는 한일 군사협력." 여기서 '데일라'는 '델라'가 바른말이다.

'불이나 뜨거운 기운으로 말미암아 살이 상하다. 몹시 놀라거나 심한 괴로움을 겪어 진저리가 나다'를 나타내는 단어는 '데다'이다. '데다'라는 단어 자체에 피동의 의미가 들어 있기 때문에 '데이다'는 잘못된 표현이다. '팔이 불에 데다, 발이 뜨거운 국에 데었다, 끓는 물에 손을 데었다' 등으로 쓸 수 있다.

비슷한 예로 '흐리거나 궂은 날씨가 맑아지다'는 의미의 '개다'도 '개이다'로 써서는 안 된다. '맑게 갠 하늘, 오후엔 날씨가 개겠다'처럼 쓰면 마땅하다.

(날개) 돋혔다(X) 돋쳤다(O), 가시 돋힌(X) 돋친(O) 말

타동사에 '-이-, -히-, -리-, -기-'와 같은 접미사를 붙이면 피동형을 만들 수 있다. 예를 들면 '꽃을 보다'가 '꽃이 보이다'로, '토끼를 잡다'가 '토끼가 잡히다'로, '노래를 듣다'가 '노래가 들리다'로, '실을 끊다'가 '실이 끊기다'로 바뀐다.

'돋히다'를 맞다고 생각하는 것은 이러한 피동 표현 중 하나라고 생각하기 때문인데, '돋다'는 타동사가 아니라 '-이 돋다'의 형태로 쓰이는 자동사이므로 접미사 '-히-'를 붙여 피동으로 만들 수 없다. 따라서 '날개 돋히다'가 아닌 '날개 돋치다'가 타당하다.

위의 설명과 같은 원리로 '가시 돋힌 말'이 아니라 '가시 돋친 말'이 적절한 사용이다.

'되 / 돼' 사용법

'~가 되서'라고 잘못 쓰는 사람들 수두룩하다. 바른 표현은 '돼서'이고, '되어서'의 준말이다.

'되 / 돼'를 구별하는 법은, '되' 다음에 어미 '어'를 넣어 읽어 봐서 말이 되는 경우 '돼'로 적으면 알맞다. [되-어-도]라는 말이 되므로 '돼도'로 쓸 수 있고, [되-어-니, 되-어-자]라는 말은 안 되니까 '되니, 되자'로 쓰는 거다.

그런데 '되라'와 '돼라'는 모두 쓸 수 있다. 단순한 명령형이면 '돼라'지만, 구체적으로 정해지지 아니한 청(聽)자나 독자에게 책 따위의 매체를 통하여 명령의 뜻을 나타내는 것이라면 '되라'처럼 쓸 수 있다고 국립국어원 홈페이지 문답 코너인 '온라인 가나다'에 적혀 있다.

되뇌이다(X) 되뇌다(O)

“연말연시가 되면 자신의 실수를 되뇌이며 반성한다.” 여기서 ‘되뇌이며’는 잘못된 표현이다. ‘같은 말을 되풀이하여 말하다’란 동사는 ‘되뇌이다’가 아니라 ‘되뇌다’이다. ‘그는 같은 말을 버릇처럼 늘 되뇐다’ ‘그녀는 입속으로 그 말을 몇 번이고 되뇌었다’처럼 사용된다.

잘못 쓰이는 ‘되뇌이다’ ‘되뇌이며’는 노래 가사에 자주 등장해서 사람들이 맞는다고 생각할 수 있다. 노랫말은 운율을 맞추기 위해 글자 수를 정하다 보니, 맞춤법에 안 맞는 경우가 적지 않다.

되려(X) 되레(O)

2025년 1월 설 명절은 임시공휴일이 하루 끼는 바람에 무려 6일간의 연휴였다. 연휴 끝난 뒤 “긴 설 명절 연휴를 보냈지만, ‘되려’ 피로감과 무기력증을 호소하는 사람이 많다”는 기사 본 적 있다.

‘예상이나 기대 또는 일반적인 생각과는 반대되거나 다르게’라는 단어를 ‘되려’라고 쓰는 분들 허다하다. 적합한 부사는 ‘되레’이며 ‘도리어’의 준말이다.

비슷한 뜻을 가진 ‘오히려’(일반적인 기준이나 예상, 짐작, 기대와는 전혀 반대되거나 다르게)의 준말은 ‘외려’가 맞다. ‘외려’라는 단어가 있어서인지 ‘되려’도 맞는다고 착각할 수 있다.

(용돈을) 두둑히(X) 두둑이(O) 받았다

2024년 8월에 보도된 경제 기사 제목이다. "삼성전자 · SK하이닉스 · LG전자, 현금성 자산 '두둑히' 쌓았다." '매우 두껍게, 넉넉하거나 풍부하게'라는 의미의 부사는 '두둑이'가 맞다. "날씨가 추우니 옷을 두둑이 입고 나가거라" "전쟁도 하고 훈장도 두 개나 탔고 거기다 월급까지 두둑이 받으니 얼마나 좋아?"처럼 쓰인다.

사전에서 '두둑히'를 검색하면 '두둑이'의 비표준어라고 적혀 있다.

두루말이(X) 두루마리(O) 화장지

동그랗게 둘둘 말린 화장지를 '두루말이 화장지'라고 당신도 잘못 알고 있지 않을까. 제대로 된 표현은 '두루마리 화장지'다.

'계란+말이'처럼 '두루말이'가 맞을 것 같지만, '두루+말이'라고 볼 경우 이 명사에 '두루(빠짐없이 골고루)'란 의미가 전혀 없다. 어원을 알 수 없을 땐 소리 나는 대로 쓰는 원칙에 따라 '두루마리'가 된 거다.

두루뭉실하다(X) 두루뭉술하다(O)

'모나거나 튀지 않고 둥그스름하다' '말이나 행동 따위가 철저하거나 분명하지 아니하다'라는 의미의 단어는 '두루뭉실하다'가 아니라 '두루뭉술하다'가 마땅하다.

잘못 쓰는 이유는 발음 편의상 '두루뭉술'보다는 '두루뭉실'이 내뱉기가 쉬워서 그럴지도 모른다.

이것 말고 '두리뭉실하다'도 복수 표준어로 사전에 실려 있다. 이 단어의 명사형인 '말이나 행동이 분명하지 아니한 상태 혹은 그런 사람'은 '두루뭉수리'라고 쓴다.

'두터운' 옷은 없다

매년 겨울 날씨가 추워질 때면 "내일은 기온이 뚝 떨어지니 두터운 옷을 입으세요"라는 기사 쏟아진다. 그런데 이 문장이 왜 틀렸을까.

육안으로 확인 가능한 물체의 두께를 나타낼 때는 '두껍다'를 쓴다. '두껍다'와 '두텁다'는 동의어가 아니다. 신앙심이나 우정처럼 보이지 않는 것에는 '두텁다'를 쓴다. '두껍다'의 대체 용어를 찾을 때 어감이 좋다고 '두텁다'를 써서는 안 된다.

둘러싸다 / 둘러쌓다

"취재진에 둘러쌓인 배드민턴 안세영 선수." 2024 파리올림픽 관련 기사에서 보였던 제목 중의 하나다. 여기서 '둘러쌓인'은 '둘러싸인'으로 바꿔야 한다.

'둥글게 에워싸다'라는 단어는 '둘러싸다'이다. 이 말의 피동형이 '둘러싸이다'이므로 '둘러싸여'가 맞는 거다. 위로 쌓는 게 아니고, 보자기처럼 좌우로 싸는 것으로 생각하면 '둘러싸다'가 맞는다는 걸 이해할 수 있다.

한편 '둘러쌓다'라는 단어도 사전에 있다. '둘레를 빙 둘러서 쌓다'란 의미로 '화단을 벽돌로 둘러쌓아 만들었다' '집 주위에 담을 둘러쌓다'로 사용할 수 있다.

뒤처지다 / 뒤쳐지다

가장 많이 헷갈리는 맞춤법 중의 하나가 바로 '쳐지다'와 '처지다'인데, '위에서 아래로 축 늘어지다' 혹은 '감정 혹은 기분 따위가 바닥으로 잠겨 가라앉다'는 의미로 사용하려면 '쳐지다'가 아닌 '처지다'를 써야 한다.

비슷한 예로, '뒤쳐지다'는 틀리고 '뒤처지다'가 맞다. 헷갈린다면 이렇게 외우면 어떨까. "점점 남들보다 '뒤처지다' 보니까, 지금 내 '처지(處地)'가 요 모양 요 꼴이 됐다."

그런데 '뒤쳐지다'라는 단어도 사전에 있긴 있다. 별로 쓰이지 않지만 '물건이 뒤집혀서 젖혀지다'라는 뜻이다.

한편, 동사 앞에 '쳐-'가 사용될 때도 있다. 대표적으로 '쳐들어가다'가 그렇다. 표준어 규정을 보면 '쳐들어가다'의 의미로 '처들어가다'를 쓰는 경우가 있으나 '쳐들어가다'만 표준어로 삼는다고 명시돼 있다.

또 구분해야 할 것이 접두사 '처-'의 사용처다. '처-'는 일부 동사 앞에 붙어 '마구' '많이'의 뜻을 더하는데, 대표적인 예로 '처먹다' '처넣다' '처바르다'가 있다.

뒤치닥거리(X) 뒤치다꺼리(O)

"자식 '뒤치닥거리' 죽을 때까지 하게 생겼다." 이런 말 주위에서 한 번쯤 들었을 거다. '뒤치닥거리'가 맞는 명사가 되려면 '뒤치닥하다'라는 동사 같은 게 있어야 한다.

그런데 '뒤치닥하다'라는 동사가 없기 때문에, 단어의 어원을 모르면 소리 나는 대로 쓰는 한글 맞춤법에 따라 '뒤치다꺼리'가 된다.

참고로 '설겆이'가 아닌 '설거지'가 맞는 이유도, '설겆다' 같은 동사가 없으므로 소리 나는 대로 쓰게 됐다.

또한 '성미가 깔깔하고 고집이 세며 모진 사람'을 의미하는 '악바리'도 '악발이'로 쓰지 않는 이유는, '악발다' 같은 형용사가 있었으면 '악발이'가 맞을 텐데, 어원이 어디서 왔는지 모르기 때문에 소리 나는 대로 '악바리'가 표준어다.

퇴근길 포장마차에 들렸다(X) 들렀다(O)

"남편의 휴식을 위해 가족들은 휴게소를 들렸다." '지나는 길에 잠깐 들어가 머무르다'의 과거형을 '들렸다'라고 쓰는 이들 수두룩하다. 바른 표현은 '들렀다'다. 동사 기본형이 '들르다'라서 '들러, 들르니, 들렀다'로 활용한다.

반면, '들렸다'는 '듣다'의 피동사인 '들리다'의 과거형으로 "어디선가 음악 소리가 들렸다"처럼 쓰면 적당하다.

(물을) 들이키다(X) 들이켜다(O)

"목이 너무 말라 물을 벌컥벌컥 들이키고 나니 살 것 같았다." 보통 쓸 수 있는 문장이지만 한 군데 틀렸다.

'물이나 술 따위의 액체를 단숨에 마시다'라는 의미를 표현할 때 '들이키다'라고 많이 쓰지만, '들이켜다'가 동사 기본형이다. 과거형인 '물

을 들이켰다'는 제대로 사용하지만, 앞에서 언급한 '들이키고'뿐만 아니라 '들이키지 마, 들이키고'처럼 틀리게 쓴다. 이 밖에도 '공기나 숨 따위를 세차게 들이마시다' 역시 '들이켜다'라는 동사를 사용해야 한다.

'들이키다'로 잘못 쓰이는 이유는 아마도 '돌이키다'처럼 발음이 비슷한 단어가 있어서인 듯하다.

반면 '들이키다'라는 단어도 있긴 한데, '안쪽으로 가까이 옮기다'는 사전적 의미를 가지고 있다. '새로 산 가구를 안으로 들이켰다' '팔을 안쪽으로 자꾸 들이키면서 말했다' 등이 용례로 나온다. 그러나 이 단어는 일상생활에서 별로 쓰이지 않아서 굳이 기억해 둘 필요는 없다.

'피부가 당긴다'가 틀렸다구요? 피부가 땅긴다(O)

피부과 병원에 가면 팸플릿에 '피부가 당기거나 저린 환자' 이런 문구 있다. '당기거나'가 맞는 것 같지만 '땅기거나'가 옳다.

'당기다'를 사전에서 찾아보면 '물건 따위를 힘을 주어 자기 쪽이나 일정한 방향으로 가까이 오게 하다'로 나와 있다. 따라서 '피부가 당기다'는 어법에 맞지 않는다. '땅기다'는 '몹시 단단하고 팽팽하게 되다'는 의미로 '한참을 웃었더니 수술한 자리가 땅겼다' '건조해서 얼굴이 땅긴다'처럼 사전 예문에 나온다.

힘들면 직장 '때려쳐라?' 때려치워라(O)

자주 하는 얘기로 "직장생활이 그렇게 힘들면 때려쳐라"라고 말한다. 여기서 '때려치다'는 적절한 동사가 아니고 '때려치우다'가 표준어다.

사전엔 '(속되게) 하던 일을 아주 그만두다'라고 쓰여 있다. 이 단어를 '때려치다'라고 줄이면 안 된다. 담배를 '피우다'를 '피다'로 줄이면 틀리는 것과 같은 이치다.

떠벌리다 / 떠벌이다

이 두 단어를 헷갈리는 사람들 꽤 있다. '과장해서 얘기한다'는 뜻을 가진 말의 기본형은 '떠벌리다'이다. '공공연히 그 사실을 떠벌리고 다녔다' '경제성장률을 실제보다 높다고 떠벌렸다' 등 사실보다 더 부풀려 말하고 다닌다는 뜻으로 쓴다.

한편 '떠벌이다'를 국어사전에서 찾아보면 '굉장한 규모로 차리다'로 나온다. 즉 '그는 사업을 떠벌여 놓고 곤욕을 치렀다'처럼 쓴다. '떠벌이다'는 일상 생활에서 널리 쓰이는 표현은 아니다.

뗄래야(X) 떼려야(O) 뗄 수 없는 사이

치킨과 맥주, 햄버거와 콜라…. 하나를 들으면 다른 하나가 저절로 떠오르는 관계다. 즉 둘은 떨어질 수 없는 관계다. 이러한 관계를 "뗄래야 뗄 수 없는 관계"라고 말하곤 한다.

그러나 '뗄래야'라는 표현은 '떼다'의 어간에 어미 '~ㄹ래야'가 붙은 구조인데, '–ㄹ래야'는 존재하지 않는 어미로 '~려고 하여야'의 준말인 '–려야'가 맞는 말이다. 따라서 "뗄래야 뗄 수 없는 관계"는 "떼려야 뗄 수 없는 관계"로 바꾸어야 어울린다.

(~라고 운을) 띄웠다(X) 뗐다(O)

미국 프로야구 샌프란시스코 자이언츠 이정후가 부상에서 복귀하자 2025년 2월 "MLB닷컴은 '올 시즌 팀이 큰 도약을 이뤄야 하는데, 흥미로운 젊은 선수들이 복귀했다'고 운을 띄웠다"는 기사 있었다.

'어떤 이야기를 하기 위하여 말을 하기 시작하다'는 표현은 '운을 띄우다'가 아니라 '운을 떼다'로, '그는 어서 말해 보라는 친구들의 재촉에 비로소 운을 뗐다'처럼 쓰인다.

한편 '운을 띄우다'는 삼행시 같은 거 시작할 때 "야, 운 좀 띄워 봐"처럼 쓴다.

'뜨거운 감자' 함부로 쓰면 안 된다

생활경제 기사에 "김 육상 양식, 식품업계 '뜨거운 감자'로"라는 제목이 있었다. 원래 '뜨거운 감자'란 뜻은, 배가 고파서 감자를 먹기는 먹어야겠는데, 뜨거워서 입이 델 것 같아 이러지도 저러지도 못한다는 의미다.

예를 들어 오래전 '공무원연금법 개정'의 경우 연금을 그대로 두면 국고가 바닥나고, 연금법 개정을 하려니 공무원들이 들고일어나기 때문에 이러지도 저러지도 못하는 엄청난 고민일 때 쓴다.

앞서 예시한 제목 '김 육상 양식'의 경우 누군가가 불이익받거나 거세게 반대를 하는 게 아니므로 그냥 '이슈'나 '화제'일 뿐이다. '뜨거운 감자'는 아무 데나 갖다 붙이면 안 된다.

뜨뜨미지근(X) 뜨뜻미지근(O)하다

"증시 양대 지수 강보합 2,690선 '뜨뜨미지근' 장세 출발" 한 인터넷 매체 경제 뉴스 제목 중의 하나다. '뜨뜨미지근'은 흔히 쓰는 단어지만 표준어가 아니다.

'온도가 아주 뜨겁지도 않고 차지도 않다. 하는 일이나 성격이 분명하지 못하다'라는 의미의 형용사는 사전에 '뜨뜻미지근하다'라고 등재돼 있어서 '뜨뜻미지근하던 방바닥이 아침에는 한기를 느낄 정도로 식어 버렸다' 또는 '나는 그렇게 뜨뜻미지근한 사람은 싫어'처럼 응용하면 된다.

띠다 / 띄다

‘띠다’와 ‘띄다’를 구별하지 못하는 사람들 의외로 많다. ‘띠다’는 ‘나타나다, 지니다, 가지다’의 의미로 사용된다. 따라서 ‘중대한 임무를 띠다’ ‘노을이 붉은빛(색깔)을 띠다’처럼 사용한다.

‘띄다’는 ‘띠다’와 발음이 비슷해 혼동하는 경우가 많은데, ‘뜨이다’의 준말로 ‘빨간 지붕이 눈에 띈다’ ‘신문에서 오자가 눈에 띈다’처럼 활용한다. ‘띄다’는 ‘눈에 띄다’ 외에는 사실상 사용되는 경우가 별로 없다.

또 ‘띄우다’는 ‘뜨다’의 사동사로, ‘잘 띄운 메주’ ‘의자를 좀 더 띄워야겠다’ 등으로 목적어를 두고 있을 때 사용한다.

따라서 1994년 이은하가 발표해서 유명해졌고 그 이후 리메이크로 나오기도 했던 노래 제목 ‘미소를 띄우며 나를 보낸 그 모습처럼’은 틀린 거다. 사동사가 아니라 그냥 미소를 ‘지니고 있는 것’이라서 ‘미소를 띠며 나를 보낸 그 모습처럼’이라고 써야 마땅하다.

맞춤법에 맞지 않는 제목의 노래나 가사가 유명해지면 일반인들이 그걸 맞다고 생각하니 큰일이다.

〈ㅁ〉

'마냥' 조사와 부사

"집권당은 강남 표가 여당 것인 것마냥 생각한다." 여기서 '것마냥'은 '것처럼'으로 수정해야 한다. 조사인 '마냥'을 사전에서 뒤져 보면 '모양이 서로 비슷하거나 같음을 나타내는 조사인 '처럼'의 잘못'으로 나와 있다.

그러나 '마냥'은 단독으로 쓰일 땐 부사로서 '언제까지나 줄곧' '부족함이 없이 실컷' 등의 의미로, '나는 그가 올 때까지 마냥 기다렸다'처럼 사용할 수 있다.

명령형 '마라 / 말라'의 차이점

'철수야 떠들지 마라'처럼 특정인을 겨냥한 직접 명령일 땐 '마라'를 쓰고, 속담이나 격언에서처럼 '네 이웃의 여자를 탐하지 말라'처럼 불특정 다수를 향한 간접 명령일 땐 '말라'를 쓴다.

따라서 '너는 거기에 가지 말라'는 직접 명령이라서 '너는 거기에 가지 마라'가 제대로 된 문장이다.

그러나 '선생님은 철수에게 떠들지 말라고 말씀하셨다'처럼 간접 화법이 될 땐 동사 원형을 사용한 '말라'로 바뀐다.

기자들한테도 이런 내용을 얘기해 주기 전까지는 몰랐다는 대답을 숱하게 들었으니, 일반인들은 모르는 게 당연하다.

맞장(X) 맞짱(O)

선거 때만 되면 '후보들 맞장 토론'이란 제목이 나오는 기사가 수두룩하다. 하지만 '맞장 토론'은 옳은 표현이 아니다. 바른 명사는 '맞짱'이다.

사전에서 검색하면 '일대일로 맞서 싸우는 것을 속되게 이르는 말'로 적혀 있다. 즉, '맞짱 토론'이 돼야 한다. 영화에 간혹 나오는 대사를 보면 "야! 맞짱 뜨게 이따 수업 끝나고 옥상으로 올라와"처럼 쓸 수 있다.

맞추다 / 맞히다

축구 기사에 "코너킥 상황에서 골대를 맞추는 등 상대 팀을 위협했다"라는 문장 심심찮게 볼 수 있다. 여기서 '맞추는'이 아니라 '맞히는'이 올바르다.

야구에서도 '타구가 담장을 맞추면서 2루타가 됐다'가 아니라 '맞히면서'로 써야 한다. 또 양궁에서도 '과녁을 맞추다'라는 표현이 자주 쓰이는데 이것 역시 잘못된 거다. 과녁이나 퀴즈 정답은 '맞추다'가 아니라 '맞히다'가 옳다. 방송사의 아나운서들조차도 '정답을 맞췄다'처럼 틀리게 발음하는 경우를 종종 볼 수 있다.

다만 서로 떨어져 있는 부분을 제자리에 맞게 대어 붙이거나 둘 이상의 일정한 대상들을 나란히 놓고 비교하여 살필 때는 '맞추다'로 쓴다. '옷을 맞추다, 1,000개짜리 퍼즐을 끼워 맞추다, 타이밍을 맞추다' 등으로 활용된다.

매다 / 메다

'메다'는 '어깨에 걸치거나 올려놓다'라는 뜻으로 '어깨에 배낭을 메다, 총대를 메다'처럼 사용한다. 어깨와 관련 있으면 '메다'를 쓴다고 생각하면 된다.

또 '메다'엔 '어떤 책임을 지거나 임무를 맡다'라는 뜻도 있어서 '젊은이는 나라의 장래를 메고 나갈 사람이다'처럼 사전 예문에 실려 있다.

한편 '매다'는 '끈이나 줄 따위의 두 끝을 엇걸고 잡아당기어 풀어지지 아니하게 마디를 만들다'라는 뜻으로 '넥타이를 매다, 신발 끈을 매다'처럼 쓰인다.

요점만 말하면, '어깨'와 관련 있으면 '메다'로 기억해 두자.

내 머리 속(X) 머릿속(O)의 지우개

'상상이나 생각이 이루어지거나 지식 따위가 저장된다고 믿는 머리 안의 추상적인 공간'은 사전에 '머릿속'으로 수록돼 있다. 하지만 '머리

속'이라고 잘못 아는 사람들 꽤 있다.

가끔 '출발 비디오여행' '영화가 좋다' 같은 영화 소개 프로그램에 등장하는, 정우성 손예진이 출연한 2004년 개봉 영화 '내 머리 속의 지우개'는 맞춤법으로 볼 땐 틀린 제목이고, '내 머릿속의 지우개'가 적합한 표현이다.

거듭 강조하지만, 틀리게 쓴 유명한 영화 제목 때문에 일반 대중은 그게 맞다고 생각하게 되니 큰일이다.

머지않다 / 멀지 않다

'멀지 않다'와 '머지않다' 두 표현의 차이는 과연 뭘까. '멀지 않다'는 거리나 시간 두 가지 상황 모두 쓸 수 있지만, '머지않다'를 사전에서 살펴보면 '시간적으로 멀지 않다'고 나오므로 '시간'에 한정돼 사용되며, '머지않아'라는 부사로 널리 쓰인다.

'멀지 않다'는 띄어 쓰지만 '머지않다, 머지않아'는 붙여 써야 한다.

몇일(X) 며칠(O)

"미국은 '몇일' 안에 항공모함을 파견할 것으로 알려졌다." 북한이 미사일을 쏘아 올릴 때마다 나오는 뉴스다. 이 문장에서 '몇일'은 맞는 듯하지만 잘못된 표현이다.

'며칠'은 '몇'과 '날 일(日)'이 결합된 '몇일'이라고 생각하기 쉽다. 그러나 '며칠'의 어원은 분명하지 않다. 한글 맞춤법에 따르면 '몇 월'의 발음이 [며퉐]인데 반해 '몇+일'의 발음은 [며딜]이 아닌 [며칠]이 되므로, 두 단어는 같은 구조를 따르고 있지 않다.

한글 맞춤법에선 어원을 알 수 없는 경우 소리 나는 대로 쓰는 것을 원칙으로 한다. 그러므로 [며칠]이라고 발음되는 표준어는 소리 나는 대로 '며칠'로 적어야 한다. 결론은 '몇일'이라는 단어는 존재하지 않는다는 거다.

모듬전(X) 모둠전(O), 모듬회(X) 모둠회(O)

음식점에 붙어 있는 메뉴 중에 '모듬회, 모듬전'을 심심치 않게 볼 수 있다. 하지만, 적절한 표기는 '모둠회, 모둠전'이다.

국어사전에 '모둠'을 찾아보면 '초 · 중등학교에서, 효율적인 학습을 위하여 학생들을 작은 규모로 묶은 모임'이라고 나온다.

국립국어원 설명에 따르면, '모둠'은 현대국어 '모으다'의 옛말, '모드다' '모두다'의 어간에 명사형 어미(또는 명사 파생 접미사) '–ㅁ'이 붙어서 형성된 것이라고 보는 견해가 있다. '모드다' '모두다'는 현재 사용되지 않는 말이지만, 중국, 북한 등의 일부 지역에서는 '모으다'의 의미로 남아 있다.

그러므로 어원적으로는 '모둠' '모듬'이 다 가능한 것으로 보나, '모둠꽃밭, 모둠냄비, 모둠발, 모둠밥'과 같이 '모둠'이 들어 있는 여러 단어가 이미 존재하기 때문에 '모둠'을 표준으로 보는 견해가 일반적이다. 요즘 일부 횟집에서는 '모둠회'라고 바르게 쓰여 있는 곳도 있다.

모자르다(X) 모자라다(O)

이런 기사 있었다. "현안에 전념하기도 '모자를' 판에 ~" 여기서 '모자른'은 '모자란'으로 바꿔 써야 한다. 동사 원형이 '모자라다'인데 '모자르다'로 착각해 잘못 쓰는 사람들 간혹 있다. 이 단어는 '모자라니, 모자라서'처럼 활용된다.

무등(X) 목말(O)을 태우다

"아들을 무등 태우고 놀았다." 일상에서 곧잘 이렇게 쓰지만 알고 보면 틀린 거다. '무등'을 사전에서 뒤져 보면 '목말'의 방언이라고 적혀 있다.

'남의 어깨 위에 두 다리를 벌리고 올라타는 일'은 '목말'이 표준어로 "목말을 타고 담 너머를 살펴보았다"처럼 쓸 수 있다.

목매다 / 목메다

언론사 기자들뿐만 아니라 일반인들도 많이 헷갈리는 단어다. '목매다'는 '죽거나 죽이려고 줄 같은 것으로 높은 곳에 목을 걸어 매달다' '어떤 일이나 사람에게 전적으로 의지하다'를 뜻하며 '적은 월급에 다섯 식구가 목매고 살고 있다'처럼 쓰인다.

반면에 '목메다'는 '기쁨이나 설움 따위의 감정이 북받쳐 솟아올라 그 기운이 목에 엉기어 막히다'는 의미로, '금메달을 딴 그는 기쁜 나머지 목메어 울었다'처럼 사용된다.

간혹 노랫말에 '목메이다'로 나오기도 하는데, 이건 잘못된 거다. 가사는 글자 수로 운율을 맞추느라 맞춤법에 안 맞는 경우가 숱하다.

밍기적거리다(X) 뭉그적거리다(O)

국제 기사에 나온 제목 중 하나다. "영국의 한 장관, EU 탈퇴 밍기적." 여기서 '밍기적'은 '뭉그적'으로 수정해야 한다. '나아가지 못하고 제자리에서 조금 큰 동작으로 자꾸 게으르게 행동하다'라는 의미의 단어는 '뭉그적거리다, 뭉그적대다'가 표준어다.

〈ㅂ〉

바껴(X) 바뀌어(O), 바꼈다(X) 바뀌었다(O)

필자는 서울 토박이라서 지방 출신인 기자들보다 표준어를 쓰고 있다고 자부한다. 그래서 기자가 되기 전 일상생활에서 '바꼈다, 사겼다'라고 쓴 적이 한 번도 없다.

그런데 언론사에 입사한 뒤 기사나 제목에서 '바꼈다, 바껴'라고 줄여서 쓴 걸 종종 봤다. 제대로 된 표현은 '바뀌었다, 바뀌어'다. 동사 기본형이 '바뀌다'여서 이 단어는 줄여서 쓸 수 없다.

마찬가지로 '사귀었다, 사귀어'를 '사겼다, 사겨'로 줄여 쓰면 안 되고, '할퀴었다, 할퀴어'를 '할켰다, 할켜'로 줄이는 것도 어법에 맞지 않는다.

굳은살이 배겼다(X) 박였다(O)

'마디마디 굳은살 배긴 장인의 손, 福 부른다.' 한 지방 일간지 기사의 제목으로 나온 적 있다. 바르게 바꾸면 '굳은살 박인'이다.

'손바닥이나 발바닥에 굳은살이 생기다'라는 의미의 단어는 '박이다'이다. 사전에서 쳐 보면 '마디마디 못이 박인 어머니의 손' '이발사의 굳은살 박인 손을 바라보았다'처럼 예문이 나온다.

'박이다'에는 '버릇, 생각, 태도 따위가 깊이 배다'라는 뜻도 있어서

'주말마다 등산하는 버릇이 몸에 박여 이제는 포기할 수 없다'처럼 활용한다.

또한, '여러 번 되풀이하여 몸에 깊이 밴 버릇'이라는 뜻의 '인'이란 고유어 명사도 있는데 '아버지는 술에 인이 박였다'처럼 쓰인다.

뱃속(X)의 아이, 배 속(O)의 아이

흔히들 '엄마 뱃속의 아이'처럼 쓴다. 그러나 바른 사용은 띄어 쓰는 '배 속'이다. '뱃속'을 사전에서 검색하면 또 다른 뜻은 없고 '마음을 속

되게 이르는 말'이라고 적혀 있다. 이를테면 '그 사람 뱃속을 도무지 알 수가 없다'처럼 사용된다.

국립국어원 설명에 따르면 이 의미를 제외한 나머지 '사람의 배 안'을 뜻하는 단어는 띄어 써서 '배 속'이라고 써야 한다. '태아'를 사전에서 뒤져 보면 '어머니 배 속에 있는 아이라고 적혀 있다. 사전 예문에서 '뱃속'이라고 쓰지 않는 것은 다 이유가 있다. 우리가 평소에 쓰는 '뱃속'은 거의 다 틀린 거라고 보면 맞는다. 발음으로 구별하자면 '배 속'은 [배 속:]이고, '뱃속'은 [배쏙 / 밷쏙]으로 읽는다.

그런데, 국민 대다수가 잘못 쓰고 있는 거라면 국립국어원에서 표준국어대사전에 '뱃속'의 의미를 추가하면 어떨까 하는 게 개인적인 생각이다.

(냄새가) 배였다(X) 배었다(O)

"동태찌개를 끓였더니 비린 냄새가 옷에 배였다." 맞는 듯하지만 틀린 데가 있다.

'냄새가 스며들어 오래도록 남아 있다'는 뜻의 '배다'는 단어 자체에 내가 전혀 의도하지 않은 피동의 의미가 들어 있으므로, '배이다'라는 단어는 존재하지 않는다.

마찬가지로 '흐리거나 궂은 날씨가 맑아지다'는 의미의 '개다'도 사람이 어떻게 하고 싶어도 어쩔 수 없는 피동의 의미가 포함돼 있으므로 '날이 개였다'는 잘못된 표현이고 '날이 개었다'가 마땅하다.

번번히(X) 번번이(O)

필자가 기자가 된 뒤 취재와 편집을 거쳐 참 드물게 교열 기자가 돼서 느낀, 일반 기자들이 가장 자주 틀리는 부사를 꼽는다면 1위는 '번번히'다.

'매 때마다'라는 뜻의 부사는 '번번이'가 적합한 표기다. 편집 기자 시절 교열부장으로부터 추가로 귀담아들은 부사는 '번번이' 말고도 '일일이, 틈틈이'도 있어서 그 이후로 까먹지 않고 있다.

벌리다 / 벌이다

'벌이다, 벌리다' 이 두 단어를 헷갈리는 사람들 많다. 발음에 큰 차이가 없어서 그런 듯하다. '벌이다'는 '일을 계획하여 시작하거나 펼쳐 놓다'라는 의미로 '잔치를 벌였다, 장기판을 벌였다'처럼 쓰인다.

'벌리다'는 '둘 사이를 넓히거나 멀게 하다, 우므러진 것을 펴지거나 열리게 하다'라는 뜻으로 '줄 간격을 벌렸다, 자루를 벌렸다'처럼 응용하면 된다.

머리가 벗겨지다(X) 벗어지다(O)

"나이가 들어 가니까 머리카락이 점점 벗겨져 간다." 이런 소리 웃어

른한테 들은 적 있을 거다.

'머리카락이나 몸의 털 따위가 빠지다'는 의미의 단어는 '벗겨지다'가 아니라 '벗어지다'로 '신발이 커서 자꾸 벗어진다. 나이 들어서 벗어진 이마'처럼 활용한다.

반면 '벗겨지다'는 '덮이거나 씌워진 물건이 외부의 힘에 의하여 떼어지거나 떨어지다'로 '바람이 불어 모자가 벗겨졌다. 죽어서야 자식들에 의해 오명이 벗겨졌다'처럼 쓴다.

두 단어를 구별하자면, 외부의 힘이 작용한 경우 '벗겨지다'로 기억하면 쉽다.

벙어리(X) 냉가슴

'겉으로 드러내지 않고 혼자서 속으로만 끙끙대고 걱정하는 것'을 나타낼 때 '벙어리 냉가슴'이라고 말하는 이들 적지 않다. 우리 속담에도 있는 표현이지만, '벙어리'는 언어장애인을 비하하는 말이다. 그냥 '냉가슴'이라고만 써도 된다. 속담은 장애인 비하 같은 걸 따지지 않던 아주 오래전에 생긴 거다.

장애인을 비하하는 '장님, 귀머거리'라는 단어는 오래전에는 아무렇지 않게 일반에서 쓰였는데, 요즘엔 '시각장애인, 청각장애인'처럼 순화해서 사용되고 있다.

'벙어리장갑'이란 단어는 '손모아장갑, 엄지장갑'으로 순화하자는 캠페인도 한때 있었다.

'보다' 조사와 부사

조사인 '~보다'와 부사인 '보다'의 띄어쓰기를 구분하지 못하는 기자들 의외로 있다. 조사인 '보다'는 비교의 대상이 되는 말에 붙어서 '내가 너보다 크다'처럼 붙여서 쓴다.

그러나 부사인 '보다'는 '어떤 수준에 비하여 한층 더'라는 의미로 '보다 빠르게 뛰다, 보다 나은 미래'처럼 띄어 써야 한다. 부사 '보다'는 올림픽 캐치프레이즈에 단골로 등장한다.

요약하면, 비교급으로 쓰는 조사 '~보다'는 앞 단어에 붙여 쓴다.

본딴(X) 본뜬(O)

"전국 이곳저곳에 생긴 OO단길은 서울의 경리단길을 본따서 만든 것입니다." 이 문장에서 잘못된 부분은 무언지 찾아보세요.

'무엇을 본보기로 삼아 그대로 좇아 하다'라는 의미의 '본뜨다'의 활용형은 참 헷갈린다. '본따, 본따서'처럼 잘못 쓰이는데, 국어사전에서 찾아보면 '본떠, 본떠서, 본뜨니'로 활용한다고 나와 있다. 따라서 '봉황을 본뜬 무늬' '백제 양식을 본떠 만든 석탑'처럼 예문에 나와 있다.

수산시장에서 '회 뜨다, 회를 떠서'처럼 쓰듯이, '회 떠서, 본떠서'라고 기억하면 쉽지 않을까.

부딪치다 / 부딪히다

"음주 운전 승용차는 중앙선을 넘어 달리다 가드레일에 부딪치곤 멈췄다." 교통사고 기사에서 종종 볼 수 있는 이 문장에서 틀린 걸 발견하셨나요? 곧바로 찾았다면 당신의 맞춤법 실력은 수준급이다.

'부딪치다'는 '무엇과 무엇이 힘 있게 마주 닿거나 마주 대다'라는 뜻을 가진 '부딪다'를 강조하는 의미가 있고, '부딪히다'는 '부딪다'의 피동사로서의 의미를 가진다.

교통사고처럼 의도하지 못한 부딪는 행위를 당한 경우라면 피동형인 '부딪히다'가 맞고, 주어가 능동적으로 부딪는 행위를 한 경우라면 '부딪치다'로 써야 한다. "청년들이여, 세상과 부딪쳐라"는 의도한 경우라서 '부딪치다'의 제대로 된 예다.

정리하면, 내가 의도한 경우일 때 '부딪치다'이고, 의도하지 않은 교통사고일 때는 '부딪히다'로 기억하자.

헷갈리는 부사들 추가 정리

'시간적인 사이를 두고서 가끔씩' 간간이(O) 간간히(X), 곰곰이(O) 곰곰히(X), 번번이(O) 번번히(X), 틈틈이(O) 틈틈히(X), 깊숙이(O) 깊숙히(X)

(산산이) 부숴졌다(X) 부서졌다(O), 부숴뜨리다(X) 부서뜨리다(O)

국립국어원 홈페이지 문답 코너인 '온라인 가나다'에는 "네놈의 팔을 '부셔 줄 테다'라고 했을 때 '부셔뜨리다'는 쓸 수 없나요? '부서지다'를 활용하면 쓸 수 있지 않나요"라는 물음에 이렇게 설명해 놓았다.

"'부서지다'는 '부수다'의 어간인 '부수-'에 '-어지다'가 결합한 꼴이 굳어진 것으로, 오래전부터 이와 같이 써 왔으므로 이러한 관습을 인정한 예외적인 표현이다. 한편 '부서뜨리다' 역시 관습적으로 굳어진 동사로, '단단한 물체를 깨어서 여러 조각이 나게 하다 / 짜서 만든 물건 따위를 제대로 쓸 수 없게 헐어지거나 깨어지게 하다 / 희망이나 기대 따위를 무너지게 하다'의 의미로 풀이되는 표현으로, '네놈의 팔을 부서뜨릴 테다'처럼 쓰는 데 별다른 문제는 없어 보인다. 다만 '부서지다'나 '부서뜨리다'는 모두 굳어진 표현으로서, 이러한 표현을 쓸 때만 '부수-'의 예외적인 표기를 허용한다. 따라서 처음 제시하신 내용에서는 '부숴 줄 테다'처럼 쓰는 것이 적절하겠다."

갑자기 생각나서 한마디 더 하면, 마트에서 파는 과자 중에 '뿌셔뿌셔'를 맞춤법에 올바르게 고친다면 '부숴부숴'다.

표결에 붙이다(X) 부치다(O)

"국회는 열띤 토론 끝에 표결에 붙여서 통과시켰다." 여기서 '붙여서'

는 틀렸고 '부쳐서'가 옳다. '부치다'가 쓰이는 경우는 '표결에 부치다' 말고도 '편지를 부치다, 비밀에 부치다, 경매에 부치다'도 있다.

'붙이다'와 '부치다'가 발음에서 전혀 구별이 되지 않다 보니 수많은 이들이 헷갈린다.

'라면이 불었다'의 동사 원형 아십니까?

라면이 '불었다'의 기본형이 '불다'라고 잘못 알고 있는 사람들이 대다수일 거다. 동사 원형은 '불다'가 아니라 '붇다'이다.

'붇다'를 사전에 찾아보면 '물에 젖어서 부피가 커지다' '분량이나 수효가 많아지다'로 나오며, '불어, 불으니, 붇는'으로 활용된다. 예를 들어 "불은 국수는 맛이 없다. 개울물이 불었다" 등으로 쓰인다.

우리가 자주 쓰는 상황이 '(국수가) 불어, 불었다'이다 보니, 기본형이 '붇다'라는 사실은 엄청 생소하게 들릴지도 모른다.

걷어부치다(X) 걷어붙이다(O), 몰아부치다(X) 몰아붙이다(O)

"그 회사는 비용 줄이기에 팔을 걷어부쳤다." 여기서 '걷어부쳤다'는 '걷어붙였다'로 바꿔야 한다. 이처럼 '~붙였다'가 붙어서 자주 쓰는 단어는 '밀어붙이다, 몰아붙이다, 걷어붙이다, 쏘아붙이다' 등이 있다. 이 단어들은 '밀어서 붙이다, 몰아서 붙이다, 걷어서 붙이다'처럼 해석하면 이해할 수 있다.

그런데 '~붙이다'로 쓰면 안 되는 예외가 하나 정도 있다. '힘차게 대들 기세로 벗다'라는 의미의 단어는 '벗어붙이다'가 아니라 '벗어부치다'로 쓴다. '벗어서 붙이다'로 해석하면 뭔가 이상하다.

(모임에 얼굴을) 비췄다(X) 비쳤다(O)

"모임에 얼굴을 비췄다 / 비쳤다." 두 가지 동사 중 도대체 뭐가 맞을까.

국어사전에서 '비치다'를 검색하면 9가지 설명이 나오는데 그중 8번째 설명에 '얼굴이나 눈치 따위를 잠시 또는 약간 나타내다'가 나오고 그 예문으로 '너무 바빠서 집에 얼굴을 비칠 시간도 없다'가 적혀 있다.

빈털털이(X) 빈털터리(O), 악발이(X) 악바리(O)

몇 년 전 미국 복권 파워볼 기사에 "빈털털이가 백만장자가 됐다"라는 문장 본 적 있다. 옳은 표기는 '빈털터리'다. '빈털터리'는 '재산을 다 없애고 아무것도 가진 것이 없는 가난뱅이가 된 사람'을 뜻하는 말로 '털터리'라고 나타내기도 한다.

한편 '털털이'는 '성격이나 하는 짓 따위가 까다롭지 아니하고 소탈

한 사람'이나 '몹시 낡고 헐어서 털털거리는 소리를 내는 수레, 자동차 따위를 이르는 말'로 '빈~'과 합쳐서 쓰지 않는다.

'빈털터리'는 '털털하다'의 의미와는 아무 관계 없는 단어이기 때문에, 어원을 밝힐 수 없는 경우 소리 나는 대로 쓰는 맞춤법 원칙 때문에 '빈털터리'로 쓰는 거다. 이것과 비슷한 경우가 '악바리(성미가 깔깔하고 고집이 세며 모진 사람)'인데 '악발다'라는 어원의 단어가 없으므로 '악발이'가 아니라 소리 나는 대로 '악바리'로 쓴다

이 자리를 빌어(X) 빌려(O)

인사말이나 연설에서 다음과 같은 표현 수두룩하다. "이 자리를 빌어 감사드립니다." 여기서 '빌어'는 '빌려'로 고쳐 써야 한다. '빌다'는 '용서를 구하다' 혹은 '구걸하다'는 의미에서만 사용한다. '자리를 차용하다'는 의미의 '빌리다'가 바른 동사이므로 '이 자리를 빌려'가 타당하다.

반면 '빌다'는 '그는 잘못했다 생각하고 아버지에게 용서를 빌었다'처럼 활용한다. 이것 말고 '빌어'가 들어가는 단어는 '남에게 구걸하여 거저 얻어먹다'는 의미의 '빌어먹다'도 있다.

빼앗았다(O) 뺏었다(O)

'남의 것을 억지로 제 것으로 만들다, 남의 일이나 시간, 자격 따위를 억지로 차지하다'는 의미의 '빼앗다'는 '빼앗아, 빼앗으니, 빼앗는' 등으로 사용한다.

근데 '빼앗다'의 준말은 '뺏다'가 되므로, 모음 어미 활용이 음성모음으로 바뀌면서 '뺏어, 뺏으니, 뺏는'이 된다.

앞에서 말한 단어는 받침이 시옷 하나이지만, 쌍시옷이 받침으로 들어간 '뺐다'는 '빼다'의 과거형으로 '관리자는 명부에서 그의 이름을 뺐다'처럼 쓴다.

(~했다.) 뿐만 아니라(X) 그뿐만 아니라(O)

기사 중간의 문장 첫머리에 '뿐만 아니라'라고 시작하는 기자들 적지 않다. 여기서 '뿐'은 조사이므로 앞에 다른 단어 없이 단독으로 쓸 수 없다. 따라서 지시대명사 '그'를 덧붙여서 '그뿐만 아니라'처럼 써야 한다.

그러나 문장 중간의 동사나 형용사 다음에 오는 '~할 뿐만 아니라'의 '뿐'은 의존명사라서 앞에서 말한 '그뿐만 아니라'의 '뿐'과 품사가 다르다.

〈ㅅ〉

사그러들다(X) 사그라들다(O), 사그러지다(X) 사그라지다(O)

'삭아서 없어져 가다'라는 단어를 '사그러들다'라고 잘못 쓰는 사람들 있다. 적절한 표현은 '사그라들다'이며, 양성모음은 양성모음끼리, 음성모음은 음성모음끼리 어울리는 '모음조화'가 애매한 단어라 할 수 있다.

마찬가지로 비슷한 단어인 '삭아서 없어지다'라는 동사는 '사그러지다'가 아니라 '사그라지다'이다.

사단(X) 사달(O)이 났다

예상치 못한 사고나 탈이 생겼을 때 보통 "결국 사단이 났다"고 말하곤 한다. 하지만 바른 표현은 '사달이 났다'이다. '사건의 단서 또는 일의 실마리'를 의미하는 '사단(事端)'이라는 단어가 있어서인지 많이들 잘못 사용한다.

'사달'은 한자어가 아니라 순우리말로 '사고나 탈'을 뜻한다. '그 일 이후 조심했는데도 그 사달이 났다'처럼 쓴다. 따라서 어떠한 사고가 발생했을 때 '사단이 났다'가 아니라 '사달이 났다'로 써야 한다. '사단'을 사전에서 쳐 보면 두 번째 풀이에 '사달'의 잘못이라고 나온다.

사래들리다(X) 사레들리다(O), 손사레(X) 손사래(O)

"그는 별일 아니라며 손사레를 쳤다." 여기서 '손사레'는 '손사래'가 올바른 말이다. '어떤 말이나 사실을 부인하거나 남에게 조용히 하라고 할 때 손을 펴서 휘젓는 일'은 '손사래'다.

반면에 '음식을 잘못 삼켜 기관(氣管) 쪽으로 들어가게 되었을 때 갑자기 기침처럼 뿜어져 나오는 기운'은 '사레'로, '그는 급하게 먹다가 사레들렸다'처럼 사용한다.

'손사래'와 '사레들리다' 발음은 비슷한데 모음이 달라서 매우 헷갈리는 단어다. 참고로 '사레들리다'는 붙여 쓰는 한 단어다.

사이시옷 총정리

① 갈짓자(X) 갈지자(O)

'이리저리 굽어 있거나 좌우로 내디디며 걷는 모양'을 말할 때 '갈짓자'라고 쓰는 사람들 있다. 바른 표현은 '갈지자(갈之字)'다.

발음이 [갈찌짜]로 나지만, 뒤의 두 글자가 한자이므로 사이시옷이 들어가지 않는 '갈지자'로 사전에 나온다. 한자어에는 사이시옷이 들어가지 않는다.

② 나라돈(X) 나랏돈(O), 나라빚(X) 나랏빚(O)

2024년 8월 더불어민주당에서 전 국민 25만 원 지원법을 국회 본회의에서 의결하자, 당시 한덕수 국무총리는 "이는 막대한 '나라빚'이 되

어 재정건전성을 저해하고, 미래세대에 큰 부담을 전가하게 된다"고 말했다.

'나라빚'의 바른 표기는 '나랏빚'이다. 발음이 [나라삗]으로 된소리가 나기 때문에 사이시옷이 들어간다. '보라'에 '빛'이 붙은 단어 '보랏빛'도 [보라삗]으로 소리 나기 때문에 사이시옷 들어가는 '보랏빛'이 된 거다.

'나라'라는 단어에 사이시옷이 들어가는 단어는 '나랏돈, 나랏밥(나라와 관련된 일을 하면서 먹는 밥을 비유적으로 이르는 말)'도 있다. 발음은 각각 [나라똔] [나라빱]이다.

그런데 '나라말, 나라님(임금)'에는 [나라님, 나라말]로 발음 나기 때문에 사이시옷이 들어가지 않아 헷갈린다.

③ 뒷쪽(X) 뒤쪽(O), 뒷처리(X) 뒤처리(O), 뒷칸(X) 뒤칸(O), 뒷탈(X) 뒤탈(O), 뒷편(X) 뒤편(O), 윗층(X) 위층(O)

한글 맞춤법에서 사이시옷은 거친소리(ㅊ ㅋ ㅌ ㅍ)나 된소리(ㄸ ㅆ ㅉ) 앞에서는 붙이지 않는다. 이유를 쉽게 말하면 사이시옷을 붙이나 안 붙이나 발음이 같다는 것이다.

가급적 간단히 쓰는 것이 맞춤법의 원리라고 보면 된다. 앞에 열거한 단어들을 한번 발음해 보라. 사이시옷을 넣었는데도 발음에 차이가 없다면 사이시옷을 빼면 된다.

④ 막내동생(X) 막냇동생(O)

가족 중에 '맨 끝의 동생'은 '막내동생'이 아니라 '막냇동생'이다. 발음이 [망내똥생]으로 된소리가 나기 때문에 사이시옷이 들어간 '막냇동생'이 올바르다.

'막내' 다음에 사이시옷 들어가는 가족관계 단어는 '막냇누이, 막냇사위, 막냇삼촌, 막냇손자, 막냇자식'도 있다. 가족관계 호칭 표기 중에 제일 어려운 부분이다.

⑤ -말 = 반댓말(X) 반대말(O), 인삿말(X) 인사말(O), 혼자말(X) 혼잣말(O)

'말을 하는 상대가 없이 혼자서 하는 말'은 사전에 '혼잣말'로 실려 있다. 발음이 [혼잔말]로 나기 때문에 사이시옷이 들어간다.

사이시옷 규정에 따르면, 뒷말의 첫소리 'ㅁ' 앞에서 'ㄴ' 소리가 덧나면 사이시옷을 받치어 적는다. '혼잣말'처럼 '노랫말, 존댓말'도 앞의 원칙에 따라 [노랜말, 존댄말]로 소리 나므로 사이시옷이 있어야 한다.

그런데 '인사로 하는 말. 또는 인사를 차려 하는 말'은 '인사말'이 바른 표현이다. 발음을 [인산말]이면 '인삿말'로 썼을 거지만, 발음이 [인사말]이기 때문에 사이시옷 들어가지 않는 '인사말'로 쓴다. '반대말, 소개말'도 발음이 [반댄말, 소갠말]이 아닌 [반대말, 소개말]이라서 사이시옷이 들어가지 않는다. 사이시옷은 참 어렵다.

⑥ 순대국(X) 순댓국(O)

대부분의 순대 전문 음식점 벽면에 '순대국'으로 잘못 쓰여 있다. 순우리말+순우리말 합성어 중 뒷말 첫소리가 된소리로 날 경우 사이시옷을 넣어야 한다. '순대'와 '국' 모두 순우리말이고, 발음하면 [순대꾹]으로 된소리 나기 때문에 사이시옷을 넣어 '순댓국'이라고 써야 한다.

김칫국, 북엇국, 선짓국, 배춧국 등도 마찬가지다. 재료의 끝부분에 받침이 없고 그 뒤에 '국'이 붙은 모든 음식엔 사이시옷이 들어간다. 따라서 채소인 '무'를 넣어 끓인 국은 '무국'이 아니라 '뭇국'이다. 글자가 이상하게 보이지만 국어사전에 그렇게 수록돼 있다. 궁금하면 사전을 찾아보시라.

⑦ 댓가(X) 대가(O), 붓기(X) 부기(O), 잇점(X) 이점(O), 헛점(X) 허점(O)

사이시옷을 잘못 사용하는 '댓가, 헛점, 잇점' 이 단어들은 두 글자 모두 한자어(代價, 虛點, 利點)이기 때문에 사이시옷을 넣지 않는다.

그러나 한자어지만 사이시옷을 넣는 예외적인 단어 6개가 있다. 횟수(回數) 곳간(庫間) 셋방(貰房) 숫자(數字) 찻간(車間) 툇간(退間) 등이다.

참고로 '셋방'엔 사이시옷 들어가지만, 앞에 한 글자가 더 붙은 月貰房은 '월세방'으로 사이시옷이 빠져야 한다.

또한 '얼굴이 부은 상태'를 '붓기'라고 잘못 아는 사람들 많다. 바른 명사는 '부기'다. '살가죽이나 어떤 기관이 부풀어 오르다'는 의미의 '붓다'의 명사형은 '붓기'가 아니라 한자어 '부기(浮氣)'다. '부기'는 한자어라서 사이시옷이 안 들어간다.

⑧ 하룻동안(X) 하루 동안(O), 하룻만에(X) 하루 만에(O), 하룻새(X) 하루 새(O),

'하루가 지나는 동안'을 뜻하는 말을 '하룻새, 하룻동안'으로 잘못 아는 사람들 있다. 아마도 사이시옷 들어가는 단어 '하룻밤'이란 말이 있어서인 듯하다. 바른 사용은 띄어 쓰는 '하루 새, 하루 사이, 하루 동안'이다.

'하루'에다 사이시옷이 들어가서 자주 쓰이는 단어는 '하룻밤' '하룻저녁(어느 날 갑자기. 또는 짧은 동안에), 하룻낮(하루의 낮 동안), 하룻강아지(난 지 얼마 안 되는 어린 강아지)' 정도다.

⑨ 햇님(X) 해님(O)

"햇님 보면서 짝짜꿍 도리도리 짝짜꿍." 어린 시절 누구나 불러 본 동요 '짝짜꿍' 가사 일부다.

오랫동안 깊이 뇌리에 박힌 가사 중 '햇님'은 '해'와 '님'이 결합하며 사이에 사이시옷이 들어간다고 여겨 '햇님'이라 쓰는 경우를 종종 볼 수 있으나, 이는 틀린 표기다. 사이시옷은 '햇볕'처럼 명사 '해'와 명사 '볕'이 결합한 합성어에 들어가는 것이 원칙이다. 그러나 '해님'은 명사 '해'와 접미사 '님'이 결합한 파생어로, 사이시옷이 들어갈 환경이 아니다.

국어사전에 '해님'을 검색하면 "'해'를 인격화하여 높이거나 다정하게 이르는 말'로 수록돼 있다. 유명한 먹방 유튜버 '입짧은 햇님' 이름은 맞춤법으로 따지면 틀린 거다.

(끓어오르는) 분을 삭혔다(X) 삭였다(O)

'긴장이나 화가 풀려 마음이 가라앉히다'는 뜻의 단어는 '삭히다'가 아니라 '삭이다'이다.

'삭히다'는 '김치나 젓갈 따위의 음식물이 발효되어 맛이 들게 하다'는 의미로, '삭다'의 사동사인데, '밥을 삭혀 끓인 감주, 김치를 삭히다'처럼 쓴다.

화는 '삭이고' 음식은 '삭히고'로 기억해 두자.

삼가해(X) 주세요, 삼가(O) 주세요

공공장소에 붙어 있는 안내판에 보면 "~를 삼가해 주시기 바랍니다"처럼 쓰여 있는 걸 종종 볼 수 있다. 맞게 고치면 "~을 삼가 주시기 바랍니다"이다.

'몸가짐이나 언행을 조심하다. 꺼리는 마음으로 양(量)이나 횟수가 지나치지 아니하도록 하다'라는 뜻의 동사는 '삼가다'로 사전에 수록돼 있다. 그래서 '삼가, 삼가라'처럼 활용하며 사전 예문에는 "어른 앞에서는 행동을 삼가야 한다, 그는 건강을 위하여 담배를 삼가기로 했다"처럼 나온다.

밤을 새다(X) 새우다(O)

개그맨 출신 방송인 김국진이 전성기인 2000년대 후반 컴퓨터 광고에서 "밤새지 말란 말이야"란 대사를 했었다. '한숨도 자지 않고 밤을 지내다'라는 단어를 '밤을 새다'라고 말하는 분들 허다하다. 제대로 된 표현은 '밤을 새우다'이다.

'새다'를 사전에서 뒤져 보면 '새우다'의 잘못이라고 적혀 있다. '새다'를 바르게 쓰는 경우는 목적어 없이 '그는 밤이 새도록 이야기했다' '어느덧 날이 새는지 창문이 환해졌다'처럼 쓸 때뿐이다.

붙여 쓰는 '밤새우다'도 마찬가지로 '밤새다'로 쓰면 당연히 잘못이다. 앞서 말한 김국진의 광고 카피도 "밤새우지 말란 말이야"가 옳다.

'밤을 새우다' 말고도 '바람을 피우다' '담배를 피우다'도 '피다'로 줄이면 안 된다.

서슴치(X) 서슴지(O) 않고

윤석열 전 대통령 탄핵 직전 기사의 일부다. "윤 대통령은, 계엄은 헌정 질서를 지키기 위해서 선포한 것이고, 대통령의 통치행위이며, 끝까지 국민과 함께 싸우겠다'는 말까지 '서슴치' 않았다." 이 문장에서 '서슴치'가 이상하다.

'결단을 내리지 못하고 머뭇거리며 망설이다'는 의미의 '서슴다'를 활용할 때 '서슴치'로 잘못 쓰는 경우 있다. 적합한 사용은 '서슴지'다.

만약에 '서슴하다'가 기본형이었다면 어미 '~하지'가 붙어서 '서슴치'가 맞겠지만, '서슴다'가 원형이라서 '서슴지'로 써야 한다. 사전 예문에 나오는 '그 사람은 귀찮은 일에 나서기를 서슴지 않는다'처럼 응용할 수 있다.

설레임(X) 설렘(O)

노래 가사에 '설레이는'이란 동사가 심심치 않게 나온다. 손바닥 크기의 짜 먹는 유명한 아이스크림 이름엔 '설레임'도 있다.

하지만 '설레이는, 설레임'은 틀린 활용이다. 아이스크림 '설레임'은 고유명사이므로 어쩔 수 없다 해도 일상생활에서는 정확히 구분해야 한다. [아이스크림 '설레임'의 겉을 자세히 들여다보면, '雪來淋 : 눈처럼 와서 이슬로 방울져 떨어지다'라고 쓰여 있다. 한자와 표기가 일치하지는 않지만 나름대로 다소 설득력 있는 설명을 붙여 놓았다.]

'설레다'는 '들떠서 두근거리다'는 뜻을 가진 동사인데, 이를 명사형으로 바꾸면 '설렘'이 된다. '설렘'은 '설레다'의 어간 '설레-' 뒤에 명사화(化) 접미사인 '-ㅁ이 붙어서 만들어진 것이다. 마찬가지로 '설레다'에 어미 '-는'이 붙으면 '설레이는'이 아니라 '설레는'이 당연히 올바르다.

(~할)새라(X) (~할)세라(O)

“행여 남편이 눈치챌새라 아내는 조용히 방문을 열었다.” 이 문장에서 ‘눈치챌새라’가 맞다고 잘못 아는 사람들 숱하다.

어미 ‘~ㄹ세라’는 사전에 붙여 쓰는 하나의 어미로 나오며 ‘뒤 절 일의 이유나 근거로 혹시 그러할까 염려하는 뜻을 나타내는 연결 어미’다. 이를테면 ‘누가 말릴세라 그는 아무한테도 말하지 않고 서둘러 동네를 떠났다’처럼 쓴다.

‘눈치챌새라’라고 잘못 판단하는 이유는 아마도 ‘눈치챌 사이’의 준말로 봐서 착각하는 듯하다.

소개시켜 줘(X) 소개해 줘(O)

‘서로 모르는 사람들 사이에서 양편이 알고 지내도록 관계를 맺어 주다’라는 단어를 쓸 때 “~ 좀 소개시켜 줘”라고 말하는 분들 많다. 바른 표현은 ‘소개해 줘’이며, ‘그는 김 교수에게 박 군을 소개했다’ ‘친구는 자기 애인에게 나를 죽마고우로 소개했다’처럼 쓰인다.

1996년 발매돼 유행했던 그룹 베이시스의 노래 ‘좋은 사람 있으면 소개시켜 줘’도 맞춤법으론 틀린 제목이다.

'수컷'을 뜻하는 접두사 '수 / 숫-' 사용법

어떤 동물에게 '숫-'을 붙이고 어떤 동물한테 '수-'를 붙일까. '새끼를 배지 않는'이란 뜻의 접두사 '숫-'을 국어사전에서 찾아보면 예문에 '숫양, 숫염소, 숫쥐' 3가지 단어가 나온다. 3가지 동물 '양, 염소, 쥐' 앞에만 '숫'을 붙이는 걸로 기억해 두면 쉽다.

나머지 동물한테는 '수-'를 붙이면 된다. 그러므로 '숫사자'가 아니라 '수사자'이고, '숫소'가 아니라 '수소(牛)'이며, '숫사슴'이 아니라 '수사슴'이다.

'수-' 다음에 거센소리로 적는 단어도 기억해 둬야 한다. 수캉아지(수컷 강아지), 수캐(수컷 개), 수탉(수컷 닭), 수탕나귀(수컷 당나귀), 수퇘지(수컷 돼지), 수평아리(수컷 병아리).

쉬흔(X) 쉰(O)

나이 50을 '쉬흔'이라고 잘못 아는 사람들 종종 있다. 바른 명사는 '쉰'이다. 마흔, 일흔, 아흔 같은 단어가 있기 때문에 '쉬흔'이라고 잘못 유추한다. 우리말은 간혹 예외가 있어서 어렵다.

~스런(X) ~스러운(O)

'자랑스런, 갑작스런, 사랑스런' 등 '~스런'으로 쓰는 이들 정말 많다. 하지만 적합한 표기는 줄이지 않은 '~스러운'이다.

'~스럽다'는 일부 명사에 붙어 그런 성질이 있음을 나타내는 형용사를 만드는 접미사다. 한글 맞춤법의 준말 조항에서는 '-스러운'이라는 어미는 '-스런'으로 줄여 쓰는 것을 인정하지 않는다. '자랑스럽다, 사랑스럽다'는 ㅂ불규칙 형용사로, '자랑스러운, 사랑스러운'으로 활용되는데 '~스럽다 + ~은'은 '~스러븐'을 거쳐서 변형했기 때문에 '~스런'으로 줄일 수 없다는 게 국립국어원의 설명이다. 따라서 '자랑스런'은 '자랑스러운'으로, '사랑스런'은 '사랑스러운' '갑작스런'은 '갑작스러운' 등으로 써야 한다.

1970년대 처음 만들어진 '국기에 대한 맹세'에서 '나는 자랑스런 태극기 앞에~'라는 문구로 나왔다가 몇 년이 흐른 뒤 틀렸다는 사실을 깨닫고 정부에서 '나는 자랑스러운'으로 바꾼 적 있다.

가끔 나오는 기사를 보면 '자랑스런 한국인 대상' '자랑스런 ○○인'처럼 학교나 단체 등 우리 생활 곳곳에 잘못 쓰는 데가 수두룩하다. 필자의 아들도 공군에서 군복무를 했는데 공군 홈페이지에서 '자랑스런 공군'이란 제목을 본 적 있다.

'자랑스런'으로 잘못 쓰는 단체에 소속된 분이 혹시나 이 책을 읽었다면, 한번 건의해서 잘못된 제목을 바꿨으면 좋겠다.

손이 시려워(X) 손이 시려(O)

누구나 아는 동요 '겨울바람'에 '손이 시려워, 발이 시려워'란 가사가 있다. 여기서 '시려워'의 제대로 된 표기는 '시려'다.

'몸의 한 부분이 찬 기운으로 인해 추위를 느낄 정도로 차다'는 '시리다'가 기본형이다. '시렵다'라는 단어가 존재하지 않기 때문에 '시려워'라는 형태는 틀린 거다. '시렵다'를 사전에서 검색하면 '시리다'의 비표준어라고 수록돼 있다.

유명해진 동요 가사에 잘못된 내용이 있으면, 어릴 적에 그걸 인식한 어린이들이 평생 틀린 채로 기억할 가능성이 크다.

(베일에) 쌓이다(X) 싸이다(O)

'베일에 쌓인 OO'라고 쓰는 기자들 있다. 바른 표현은 '베일에 싸인'이다. 베일(veil)은 '여자들이 얼굴을 가리거나 장식하기 위하여 쓰는 얇은 망사'라고 사전에 실려 있다. 한마디로 '천'이나 '보자기' 같은 거다.

뭔가를 위로 쌓는 게 아니라 '천'으로 '둘러싸는' 거라서 '베일에 쌓이다'가 아니라 '베일에 싸이다'가 옳다.

쓰잘데기(X) 쓰잘머리(O)

"쓰잘데기 없는 소리 하지 마라." 평소에 자주 들을 수 있는 대화다. '쓰잘데기'가 표준어 아니란 걸 혹시 알았다면 우리말에 대해 많이 아는 거다.

사전에서 '쓰잘데기'를 쳐 보면 '쓰잘머리'의 경상, 전라 방언이라고 설명이 돼 있다. '쓰잘머리'는 '사람이나 사물의 쓸모 있는 면모나 유용한 구석'이란 뜻이다.

귀신에 쓰였다(X) 씌었다(O)

'귀신 따위에 접하게 되다'라는 동사의 기본형은 '씌다'로, '씌어, 씌니, 씌었다'로 활용하며 '그는 무엇에 씐 듯한 얼떨떨함에 젖어 있었다' '무슨 귀신에 씌었다면 모를까 그가 제정신으로 그런 일을 할 리가 없다'처럼 사용한다.

〈ㅇ〉

아구찜(X) 아귀찜(O)

필자는 '아귀찜'을 그다지 좋아하지 않아서 해당 음식점에 가 본 적이 별로 없다. TV에 나오는 음식 소개 프로그램을 보면, 대부분의 음식점에 '아구찜'이라고 쓰여 있다. 하지만 표준어는 '아귀'다.

'아귀'는 '바닷물고기. 몸의 길이는 60㎝ 정도이고 넓적하며, 등은 회갈색, 배는 흰색이다. 머리 폭이 넓고 입이 크다'라고 국어사전에 적혀 있다.

인천에서는 아귀를 '물텀벙이'라고 하는데, 워낙 못생겨서 잡히면 바

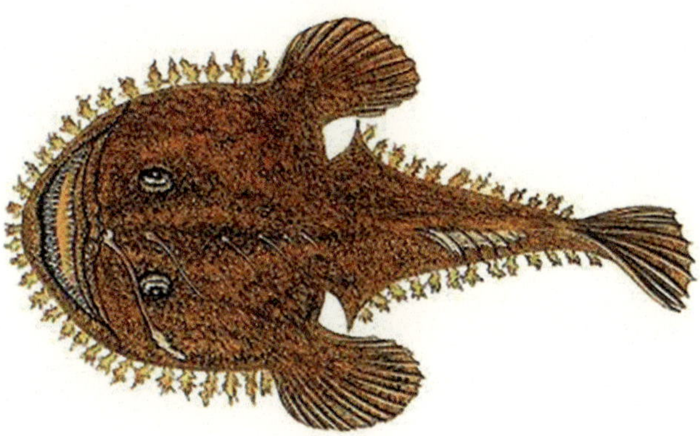

로 뱃사람들이 바다에 텀벙 소리 나게 버렸다는 데서 유래한다. 전라남도에서는 '아뀌'라고 부르기도 한다.

'아귀'를 '아구'라고 사용하는 가장 큰 이유는 '아귀'보다 발음이 쉽기 때문으로 보인다.

아둥바둥(X) 아등바등(O)

"아둥바둥 살지 마라." '무엇을 이루려고 애를 쓰거나 우겨대는 모양'을 뜻하는 부사를 '아둥바둥'이라고 쓰는 분들 많다. 적절한 표기는 '아등바등'이다.

부사 중에 '허둥지둥, 바둥바둥' 같은 비슷한 발음의 단어가 여럿 있다 보니 '아둥바둥'으로 잘못 쓰는 듯하다.

안개 속 / 안갯속

스포츠 기사에 이런 문장 있었다. "프로배구 여자부 판도가 안개 속에 빠지게 됐다." 여기서 '안개 속'은 '안갯속'이 올바른 표현이다.

'안갯속'을 사전에서 뒤져 보면 '어떤 일이 어떻게 이루어질지 모르는 상태를 비유적으로 이르는 말'이라고 나온다.

그런데 '안개 속'이라고 써야 하는 경우도 드물게 있다. '그는 짙은 안개 속에서 방향을 잃었다'처럼 (비유적인 상황이 아니라) 실제로 안개 속에 있을 땐 '안개 속'이라고 써야 한다.

안절부절하다(X) 안절부절못하다(O)

한 연예 뉴스에 "처음으로 심리 상담을 받으러 간 배우 안재욱은 평소보다 훨씬 더 긴장하고 안절부절했다"고 나온 적 있다.

흔히 사용하는 '안절부절하다'는 제대로 된 동사가 아니다. '못하다'를 붙여서 쓰는 '안절부절못하다'가 마땅하다. 물론 국어사전에 실려 있다. '마음이 초조하고 불안하여 어찌할 바를 모르다'라는 의미다.

그러나 부사로서 '안절부절'을 단독으로 사용할 수는 있다. 이를테면 '그는 초조해서 안절부절 견딜 수가 없었다'처럼 쓰면 적당하다.

밥을 앉히다(X) 안치다(O)

2020년 7월 6일 KBS '우리말 겨루기' 시청자 퀴즈에 '쌀을 안치다, 앉히다' 중 어떤 게 맞는지를 묻는 문제가 나온 적 있다. 발음이 비슷한 탓에 '안치다'와 '앉히다'를 혼동하는 사람들 적지 않다.

'앉히다'는 '앉다'의 사동형으로 '앉게 하다'는 의미다. 즉, 누군가를 의자나 바닥 따위에 몸무게를 실어서 몸을 올려놓는 행위를 말한다. '밥을 앉게 하다'로 생각해서 '밥을 앉히다'가 맞다고 생각하면 뭐라고 대답할 방도가 없다.

반면 '안치다'는 '쌀이나 떡 등을 솥이나 냄비 따위에 넣고 음식이 되게 하다'는 의미로 '어머니는 솥에 쌀을 안치러 부엌으로 갔다'처럼 쓰인다.

애시당초(X) 애당초(O) 애초(O)

트로트 가수 선발 경연 TV 프로그램 '미스 트롯'(바른 표기법은 '미스 트로트')에 심사위원으로도 나온 적 있는 트로트 가수 김용임이 2014년에 발표한 '애시당초'라는 노래가 있다. 그런데 '애시당초'는 표준어가 아니다.

'애시당초'의 '애'는 '애벌구이'나 '애벌빨래'에 붙는 접두사로 어떤 말의 앞에 붙어 그 말의 '맨 처음'을 의미한다. 초저녁의 사투리인 '애저녁'에서 보듯이 우리말에선 '애' 뒤에 명사가 붙는다. 예를 들면 '애벌'

의 '벌' 역시 같은 일을 거듭해서 할 때 거듭되는 일의 하나하나로 세는 단위를 뜻하는 불완전명사다. 하지만 우리말에 '애+시당초'에서처럼 '시당초'라는 명사는 없다. 그래서 '애시당초'는 틀린 단어다.

적합한 단어는 '애당초'다. '일이 생기기 시작한 처음'을 뜻하는 '당초(當初)'를 더욱 강조한 말이다. '애당초'를 줄여서 '애초'로도 쓸 수 있다.

"일기는 하루를 마무리하는 애저녁에 쓰는 것이 좋다"처럼 곧잘 잘못 쓰는 '애저녁'은 사투리로, 표준어는 '초저녁'이다.

엄한(X) 애먼(O) 사람 잡는다

"멧돼지 잡으려다 엄한 사람 잡겠네." 주변에서 보통 쓰여서, 맞는

것 같지만 이상한 데가 있다. '엄한'은 '애먼'으로 바꿔야 한다.

'엄하다'는 '규율이나 규칙을 적용하거나 예절을 가르치는 것이 매우 철저하고 바르다'는 뜻이므로 이 문장과는 어울리지 않는다. '애먼'을 사전에서 찾아보면 '일의 결과가 다른 데로 돌아가 억울하게(엉뚱하게) 느껴지는'으로 나온다. '애먼 사람이 누명을 썼다' '애먼 짓 하지 말고 공부만 열심히 해라'처럼 사용된다.

어줍잖다(X) 어쭙잖다(O)

"제 앞가림도 하지 못하면서 '어줍잖게' 남의 일에 끼어드니?" 자주 쓰는 표현이지만 틀린 데가 있다.

'비웃음을 살 만큼 언행이 분수에 넘치는 데가 있다'는 의미의 형용사를 '어줍잖다'로 잘못 아는 사람들 숱하다. 바른말은 '어쭙잖다'로, '가난뱅이 주제에 어쭙잖게 자가용을 산대?'처럼 사용한다.

쌍지읒과 지읒이 어울린 '어쭙잖다'보다, 지읒과 지읒이 어울린 '어줍잖다'가 발음하기에 쉬워서 잘못 쓰이는 것 같다.

얼만큼(X) 얼마큼(O)

'얼마만큼'이 줄어든 말은 '얼만큼'이라고 자주 잘못 쓴다. 바른 준말은 '얼마큼'이라고 사전에 수록돼 있다. '얼만큼'은 '얼마큼'의 잘못이다.

'얼마만큼'은 명사 '얼마' 뒤에 조사 '만큼'이 붙어 만들어진 단어다.

일반인들은 구어에서나 문어에서나 '얼마큼'보다 '얼만큼'을 더 많이 사용한다. '만큼'이란 단어에 익숙하다 보니 대다수 사람이 '얼만큼'을 맞다고 착각하는 것 같다.

얽히고섥히다(X) 얽히고설키다(O)

'얽히고섥히다'란 단어가 왜 틀릴까. '관계, 일, 감정 따위가 이리저리 복잡하게 되다'라는 동사는 '얽히고설키다'라고 여섯 글자를 붙여 쓰는 한 단어로 사전에 올라가 있다.

한 단어인 이유는 '얽히다'라는 동사는 존재하지만, '섥히다'라는 단어가 없기 때문이다. 어원을 알 수 없을 땐 소리 나는 대로 쓰는 원칙에 따라 '얽히고설키다'가 한 단어가 됐다. '일이 얽히고설켜서 풀기가 어렵다'처럼 사용한다.

조사 '에게 / 에'의 차이

기자 생활을 오래 한 사람들한테 물어봐도, 조사 '에, 에게'의 차이를 설명할 수 있는 기자는 많지 않다.

"정부는 이 문제를 일본에게 강력히 항의했다." 이 문장은 언뜻 보면 틀린 게 없어 보인다. 자세히 들여다보면 '일본에 강력히 항의했다'로 수정해야 한다.

'일본'은 '무정물(無情物, 나무나 돌 따위와 같이 감각이 없는 것)'이라서 조사 '에'를 써야 한다. 이를테면 '정부는 삼성전자에 수출공로상을 주었다'라는 문장에서도 '삼성전자에게'로 쓰면 안 된다.

반면에 '어머니는 강아지에게 간식을 주었다'에서 '강아지'는 '유정물(有情物, 사람이나 동물과 같이 감각이 있는 것)'이라서 '에게'라는 조사가 붙는다. '강아지에 간식을 주었다'라고 쓴 후 읽어 보면 어딘지 이상하게 들린다.

조사 '에게'와 '에'는 우리가 평소에 무의식적으로 오랫동안 쓰다 보니, 잘못 바뀌어서 쓰여 있는 문장을 보면 어딘가 어색하다는 느낌이 든다.

여지껏(X) 여태껏(O)

2024년 8월 19일 한 드라마 제작발표회에서 배우 지진희 씨는 이렇게 말했다. "내가 여지껏 했던 드라마들과 다른 결이 있어서 재밌게 볼 수 있을 것 같다." '여지껏'은 사전에 없는 단어다.

'-껏'은 부사에 더하는 접미사로 '이제껏, 지금껏'처럼 쓰이는데, '여지'라는 부사는 없기 때문에 '여지껏'이라는 표현은 틀린 거다. 사전에서 '여지껏'을 검색하면 '여태껏'의 잘못이라고 적혀 있다.

'여태껏'의 동의어로는 '입때껏'도 있는데 보기와 달리 표준어다.

옛부터(X) 예부터(O)

"옛부터 우리나라는 삼면이 바다였다." 이 문장에서 잘못된 부분을 찾으셨나요?

'옛부터'가 틀린 거다. '예'는 '아주 먼 과거'를 뜻하는 명사이므로 조사 '부터'를 붙여 '예부터'라고 쓸 수 있다. 하지만, '옛'은 '지나간 때의'를 뜻하는 관형사이므로 조사 '부터'를 붙여 사용할 수 없다.

'~예요 / ~이에요' 사용법

앞에 붙는 단어의 마지막 음절에 받침이 있으면 '~이에요'를 쓰고 (예 : 사람이에요, 동물이에요), 마지막 음절에 받침이 없으면 '~예요'를 쓰면 알맞다. (예) 저예요, 친구예요

코가 오똑하다(X) 오뚝하다(O), 오뚜기(X) 오뚝이(O)

연예 기사 제목 중 하나다. '조윤희, 특유의 진한 눈매와 오똑한 코.' 여기서 '오똑한'은 맞는 것 같지만 아쉽게도 이상한 표현이다. '작은 물건이 도드라지게 높이 솟아 있다'를 의미하는 단어는 '오뚝하다'이다. 사전에 '오똑'을 찾아보면 '오뚝'의 잘못이라고 나온다.

한편 '밑을 무겁게 하여 아무렇게나 굴려도 오뚝오뚝 일어서는 어린

아이들의 장난감'을 뜻하는 말은 '오뚜기'가 아니라 '오뚝이'다. 라면, 카레를 만드는 유명한 기업 이름 '오뚜기'는 맞춤법으로 볼 때는 틀린 말이다. 회사 이름 '오뚜기'가 워낙 유명하다 보니 일반인들이 장난감을 '오뚜기'라고 잘못 알고 있다.

이 회사가 처음 설립됐던 1971년 당시만 해도 '오뚜기'는 표준어였다. 1989년 한글 맞춤법 개정에 따라 '오뚝이'를 표준어로 바꾸면서 그 이후 '오뚜기'는 잘못된 단어가 됐다. '오뚜기' 회사 차원에서 보면 과거 한글 맞춤법 개정이 원망스럽지 않을까.

옥의 티(X) 옥에 티(O)

'나무랄 데 없이 훌륭하거나 좋은 것에 있는 사소한 흠을 이르는 말'을 곧잘 '옥의 티'라고 잘못 쓰는 사람들 있다. 제대로 된 표현은 '옥에 티'다.

'옥에 티'는 '옥에(도) 티가 있다'라는 문장이 줄어든 것으로 풀이된다. 여기서 '에'는 처소격(處所格) 조사라고 한다.

원칙적으로는 '-에'에는 서술어가 뒤따라야 하고, 명사와 명사가 결합하는 구성에서는 '-의'를 써야 자연스럽다. 그런데도 '-에'로 쓰이는 까닭은 문장의 형태가 줄어든 것으로 풀이되기 때문이다.

'옥에 티'를 보면 '아무리 훌륭한 사람이나 좋은 물건이라 하여도 자세히 보면 작은 흠이 있다'는 관용적 의미로 굳어져서 쓸 때는 '옥에 티'로 쓴다. 왜냐하면 이 말이 '옥에도 티가 있다'라는 관용적 문장에서

서술어 '있다'가 떨어져 나가 만들어진 것으로 보기 때문이다.

국립국어원 홈페이지 문답 코너인 '온라인 가나다'에는 '옥에 티'에 대해서 이렇게 답을 해놓았다. "문법의 구성을 따진다면 체언을 꾸미는 맥락이므로 '의'가 맞으나 '나무랄 데 없이 훌륭하거나 좋은 것에 있는 사소한 흠을 이르는 말'을 의미할 때는 속담으로 굳어진 '옥에 티'를 쓴다. 또한 '옥에 티'와 같은 속담은 '옥에도 티가 있다.' 정도의 문장이 단축되어 관용적으로 쓰이게 된 것으로 볼 수 있는데, 서술어가 있어야만 쓰임이 자연스러운 조사 '에'를 그대로 인정한 것으로 이해해 보시기 바랍니다."

국어사전 속담에 보면 '옥에 티'로 나와 있다.

'옷매무새'와 '옷매무시'의 차이

'매무시'와 '매무새'의 차이를 모르는 분들 부지기수다. '매무새'는 '옷, 머리 따위를 수습하여 입거나 손질한 모양새'를 뜻하는 말이고, '매무시'는 '옷을 입을 때 매고 여미는 따위의 뒷단속'을 뜻하는 말이다.

두 가지를 구별하려면, '매무시'는 '동작'이고, '매무새'는 '모습'이라고 이해하면 쉽다.

웬지(X) 왠지(O)

'왜 그런지 모르게' 또는 '뚜렷한 이유도 없이'를 의미하는 말을 '웬지'라고 헷갈린다. 바른 사용은 '왠지'로, '왜인지'의 준말이다.

이와는 달리 '웬'으로 써야 하는 때도 있다. '웬일이니, 웬 떡이지?' 같은 경우다. 여기서 '웬'은 '어찌 된' '어떠한'이란 의미다. 정리하면, '왠지' 하나를 제외하고 대부분 '웬'으로 적으면 얼추 맞다.

우겨넣다(X) 욱여넣다(O)

"아이는 과자를 주머니에 우겨넣었다." '주위에서 중심으로 함부로 밀어 넣다'라는 의미의 동사를 '우겨넣다'로 잘못 알고 있는 사람들 수두룩하다. 바른 동사는 '욱여넣다'이며 '그는 원서를 가방에 욱여넣다'

처럼 활용한다.

반면 '우기다'는 '억지를 부려 제 의견을 고집스럽게 내세우다'라는 뜻 말고는 없다. '욱여넣다'를 발음하면 [우겨너타]라서 '우겨넣다'로 혼동할 수밖에 없다.

웅큼(X) 움큼(O)

'손으로 한 줌 움켜쥘 만한 분량을 세는 단위'를 '웅큼'이라고 잘못 발음하는 사람들 적지 않다. 옳은 표기는 ㅇ(이응) 받침이 아닌 ㅁ(미음) 받침을 써서 '움큼'이다. '아이가 사탕을 한 움큼 집었다'처럼 사용한다.

'웅큼'으로 잘못 쓰는 이유는 첫째 음절 '움'을 발음상 편의를 위해 자음동화(子音同化)해서 그렇다.

으시대다(X) 으스대다(O)

원로 가수 남진의 히트곡 '님과 함께' 가사 중에 "멋쟁이 높은 빌딩 으시대지만~"이란 구절이 있다. 이 노래가 과거에 하도 유명해서 노랫말을 아는 대다수 국민이 '으시대다'가 맞는 동사로 기억할지도 모른다.

하지만, 바른 표현은 '으스대다'로 '어울리지 아니하게 우쭐거리며 뽐내다'라는 뜻이다. '으시대다'로 잘못 알려진 이유는 아마도 '으스

대다'보다 편한 발음 때문으로 보인다.

'으스대다'와 비슷한 구조의 단어들이 몇 있다. '소름이 끼칠 정도로 매우 차가운 느낌이 잇따라 드는 모양'은 '으실으실'이 아니라 '으슬으슬'이 맞고, '털이 탐스럽게 생긴 강아지'는 '복실강아지'가 아니라 '복슬강아지'다.

이중 피동 안 돼요

① 나눠어지다(X) 나누어지다(O) 나눠다(O)

코로나19 대유행이 끝날 즈음 이런 기사가 있었다. "코로나19 예방접종은 유료 대상과 무료 대상이 '나눠어질' 가능성이 제기된다." 이 문장은 얼핏 맞는 것 같지만 '나눠어질'이 좀 이상하다.

동사 '나누다'의 피동형이 '나눠다'인데, '나눠어지다'는 '나눠다'를 또 피동으로 만들어 버린 2중 피동이라서 바르지 않다. '나눠다'를 다르게 쓰면 '나누어지다'도 맞는다.

② (~가 될 것으로) 보여진다(X) 보인다(O)

스포츠 경기 중계방송에서 해설자의 말을 듣다 보면 '~하는 걸로 보여집니다'라고 잘못 말하는 해설자들 수두룩하다. 바른 사용은 '보인다'이다.

'보여지다'는 피동사 '보이다' 뒤에 피동의 뜻을 나타내는 '~어지다'가 또 붙은 것으로, 이중 피동이다. 따라서 '보다'의 피동사 '보이다'를 써서 '보인다'처럼 쓰는 것이 알맞다.

③ 불리우다(X) 불리다(O)

'불리우다'는 '부르다'의 피동인 '불리다'를 또 피동으로 만든 이중 피동이라 틀린다. 박봉성 화백의 유명했던 만화로, MBC에서 2010년에 방영한 드라마인 '신이라 불리운 사나이'도 맞춤법으로 보면 잘못된 제목이고 '신이라 불린 사나이'가 맞다. '불리우다'를 사전에서 검색하면 '불리다'로 가 보라고 화살표로 표시돼 있다.

'불리우다'는 '불리운'처럼 노랫말에 종종 잘못 나오는데, 운율을 맞추다 보니 맞춤법에 틀리곤 한다.

④ 쓰여진(X) 쓰인(O), 짜여진(X) 짜인(O)

언론 기사 중에 매우 자주 잘못 사용되는 표현이 '쓰여진, 짜여진'이다. 바른말은 '쓰인, 짜인'이다. '쓰여진'이 틀리는 이유는 '쓰이다'가 '쓰다'에서 파생한 피동형인데, '쓰여진'은 거기서 다시 파생한 이중 피동이기 때문에 맞지 않다. '짜여진'이 틀리는 것도 앞에 설명한 이유와 똑같다.

⑤ 잊혀질(X) 권리, 잊어질(O) 권리, 잊힐(O) 권리

'자신의 정보가 더 이상 적법한 목적을 위해 필요치 않을 때, 그것을 지우고 더 이상 처리되지 않도록 할 개인의 권리'를 나타내는 '잊혀질 권리'가 수년 전 한때 여러 언론 매체에서 나온 적 있다. 그런데 이것은 제대로 된 표현이 아니다. '잊힐 권리' 또는 '잊어질 권리'가 올바르다.

'잊혀질'이라고 쓰는 것은 '잊다'의 피동사에 피동의 의미를 더하는 '~어지다'가 이어진 이중 피동형이다. 이렇게 잘못 쓰는 이유 중의 하나는 오래전 나온 이용의 노래 '잊혀진 계절'이 있어서 더욱 그렇다. 노랫말 중에 "10월의 마지막 밤을"이란 부분이 있어서 그런지 매년 가을이면 심심치 않게 흘러나온다.

이 노래 제목을 올바르게 고치면 '잊어진 계절' 혹은 '잊힌 계절'이다. 히트한 노래의 잘못 쓰인 제목 하나가 일반에 끼치는 영향이 매우 크다. 가사의 글자 수를 고려한 운율 때문에 '잊혀진'으로 잘못 쓴 것일 수도 있다.

'잊히다'를 바르게 쓴 문학 작품을 보면, 시인 정지용의 '향수'다. 이 시에는 '~ 그곳이 차마 꿈엔들 잊힐 리야'라고 제대로 돼 있다. 이 시를 가수 이동원과 테너 박인수가 노래로 부르기도 해서 널리 알려졌다.

⑥ (움푹) 패인 곳(X) 파인 곳(O) 팬 곳(O)

"호남고속도로에서 포트홀(Pothole · 도로 표면이 움푹 '패인' 곳) 때문에 승용차 타이어가 파손됐다"란 기사 본 적 있다. 이 문장에서 '패인'은 '파인'이나 '팬'으로 바꿔야 한다.

'파다'의 피동사가 '파이다'이고 '파이다'의 준말이 '패다'이므로, 활용하게 되면 '파인' 또는 '팬'이 된다. '패인'으로 쓰는 것은 이미 피동인 '패다'를 다시 피동으로 바꾼 이중 피동이라서 틀린 거다.

일일히(X) 일일이(O)

"꼭 일일히 말해 줘야 알아듣겠니?" 이 문장에서 틀린 부분은 부사 '일일히'다.

'하나씩 하나씩, 이것저것 자세히. 또는 꼬박꼬박 세심한 정성을 들여'라는 부사는 '일일이'로 사전에 실려 있다. "할머니는 나를 키우실 때 젓가락질을 일일이 가르쳐 주셨다"처럼 쓸 수 있다.

잇딴(X) 잇단, 잇따른(O)

'어떤 사건이나 행동 따위가 이어 발생하다'라는 뜻의 동사는 '잇달다'와 '잇따르다'가 복수 표준어로 혼용되고 있다. 이 동사는 '잇단'과 '잇따른' 두 가지 형태로 활용할 수 있다.

그런데 '잇딸다'라는 동사는 없으므로 '잇딴'은 틀린 사용이 된다. '잇단'을 발음하면 [잇딴]으로 들리기 때문에 '잇딴'으로 잘못 쓰는 것 같다.

'잇따른'을 줄이면 '잇딴'으로 쓸 수 있지 않을까 생각도 할 수 있지만 '잇딴'은 아무튼 표준어가 아니다.

〈ㅈ〉

자리수(X) 자릿수(O)

신문이나 인터넷에서 경제 기사를 읽다 보면 '두 자리수 성장률'이라고 간혹 눈에 띈다. 여기서 '자리수'는 '자릿수'가 바른 표기다. '자리의 개수'를 뜻하는 단어는 '자릿수'로 사전에 기록돼 있다. '그 타자는 3년째 두 자릿수 홈런을 기록했다'처럼 사용된다.

(문을 왜) 잠궈(X) 잠가(O)

우리말에는 '모음조화' 현상이 있다. 두 음절 이상의 단어에서, 뒤의 모음이 앞 모음의 영향으로 그와 가깝거나 같은 소리로 되는 언어 현상. 'ㅏ' 'ㅗ' 따위의 양성 모음은 양성 모음끼리, 'ㅓ' 'ㅜ' 따위의 음성 모음은 음성 모음끼리 어울리는 현상이다. 예를 들면 '막아' '먹어' '알록달록' '얼룩덜룩' '반짝반짝' '번쩍번쩍' '졸졸' '줄줄' 등이 있다.

'여닫는 물건을 열지 못하도록 자물쇠를 채우거나 빗장을 걸거나 하다' 혹은 '물, 가스 따위가 흘러나오지 않도록 차단하다'라는 뜻의 단어는 '잠구다'가 아니라 '잠그다'이다. 활용할 때는 '잠가서, 잠그니'처럼 쓴다.

'잠그다'의 두 번째 음절 '그'의 'ㅡ'가 탈락하고, 그 앞 음절 '잠'의 'ㅏ' 모음(양성모음)이 기준이 되어, 어미는 '-아 / -아서'(양성모음)가 붙는다.

이것과 비슷한 유형의 동사가 김치를 '담그다'로, 마찬가지 활용형인 '담가, 담그니, 담가서'처럼 사용한다.

져버리다 / 저버리다

'약속을 져버렸다'처럼 잘못 쓰는 이들 간혹 있다. '마땅히 지켜야 할 도리나 의리를 잊거나 어기다'를 의미하는 동사는 '저버리다'이다. "더 있다 가시라는 그의 호의를 저버릴 수 없어 아버지는 하루 더 머무

셨다"처럼 쓰면 어울린다.

'져 버렸다'로 쓰면, 승부 같은 것에서 '지다'를 달리 말하는 게 된다.

쪽집게(X) 족집게(O)

"증시 운명 여기에 달렸다. 월가 쪽집게의 조언." 2025년 2월 케이블 경제 TV 방송 기사 제목 중의 하나다.

대다수의 사람들이 '쪽집게'라고 발음한다. 바르게 고치면 '족집게'다. '어떤 사실을 정확하게 지적하여 내거나 잘 알아맞히는 능력을 가진 사람'인 '족집게'를 발음할 때, 우리가 된소리로 세게 하는 경향이 있다 보니 많은 사람이 '쪽집게'로 잘못 사용하고 있는 듯하다.

좇다 / 쫓다 차이점

'좇다'와 '쫓다'는 도대체 무슨 차이가 있을까. '좇다'는 '목표, 이상, 행복 따위를 추구하다' '남의 말이나 뜻을 따르다' 등의 뜻을 나타내므로, '명예를 좇는 젊은이' '부모님의 의견을 좇기로 했다'와 같이 응용하면 된다.

한편 '쫓다'는 '어떤 대상을 잡거나 만나기 위하여 뒤를 급히 따르다' '어떤 자리에서 떠나도록 몰다' 등의 뜻을 나타내므로 '쫓고 쫓기는 숨막히는 추격전을 벌였다' '황소가 꼬리를 흔들어 등의 파리를 쫓았다'처럼 쓰인다.

쉽게 요약하자면 '좇다'는 눈에 보이지 않는 추상적인 것, '쫓다'는 눈에 보이는 것이라고 기억하면 쉬울 듯하다.

잼잼(X) 죔죔(O)

"곤지곤지, 도리도리, 잼잼." 아직 말 못 하는 아기의 엄마들이 자주 하는 말이다.

'젖먹이가 두 손을 쥐었다 폈다 하는 동작'은 많은 엄마들이 '잼잼'으로 잘못 알고 있지만, 적합한 표현은 '죔죔'이다. '죔죔'을 사전에서 검색하면 '죄암죄암'의 준말로 나온다.

쭈꾸미(X) 주꾸미(O)

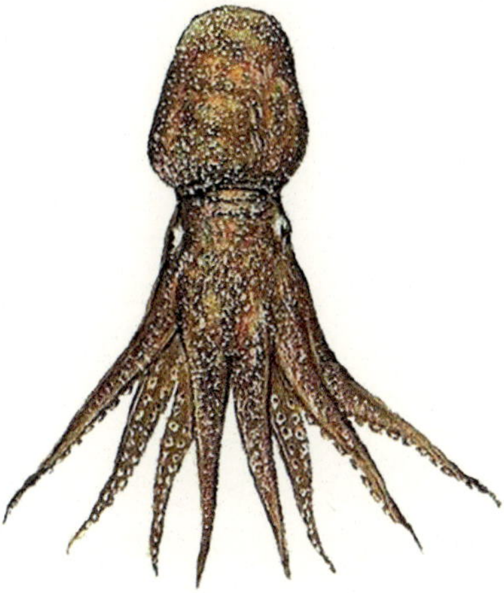

음식점 메뉴 중에 '쭈삼불고기'라고 줄여 쓰는 '쭈꾸미삼겹살불고기'가 있다. 그런데 '쭈꾸미'는 표준어가 아니다.

국립국어원 문답 코너인 '온라인가나다'에는 "낙지와 비슷한, 문어과의 연체동물을 일컫는 이 말의 표준 발음은 [주꾸미]이므로, '주꾸미'로 적습니다. 된소리로 소리 내는 경향에 따라 '주꾸미'의 '주'를 [쭈]와 같이 발음하고 이에 이끌려 '쭈꾸미'처럼 적기도 하지만, 표준어와 표준 발음은 '주꾸미[주꾸미]'입니다"라고 적혀 있다.

표준어인 '주꾸미'를 따라서 '주삼불고기'라고 메뉴에 쓰여 있다면, '쭈삼불고기'보다는 맛이 좀 없을 것 같은 개인적인 느낌도 든다.

(돈을) 쥐어 주다(X) 쥐여 주다(O)

"언니는 과자 한 봉지를 내 손에 쥐어 주었다." 이 문장은 맞는 것처럼 보이지만 틀렸다.

'어떤 물건을 쥐게 하다'는 의미의 동사는 '쥐여 주다'가 옳다. '쥐다'의 사동사 '쥐이다'를 활용해서 '쥐여 주다'가 바른 표현으로 '나는 그의 손에 쪽지를 쥐여 주었다'처럼 사용한다.

(눈을) 지긋이(X) 지그시(O) 감다

눈을 감을 때처럼 '슬며시 힘을 주는 모양'을 '지긋이'라고 잘못 아는 사람들 있다. 제대로 된 부사는 '지그시'로 '그는 입술을 지그시 깨물었다'처럼 쓴다.

반면 '지긋이'라도 부사도 존재하는데 '나이가 비교적 많아 듬직하게'

라는 뜻으로 '그는 나이가 지긋이 들어 보인다'처럼 응용한다.

지리한(X) 지루한(O) 장마

매년 여름이면 날씨 기사에 '지리한 장마'라는 제목 종종 나온다. 맞는 것 같지만 애석하게도 틀린 표현이다.

사전에서 '지리하다'를 쳐 보면 '지루하다'로 가 보라고 표시돼 있다. '지루하다'는 '시간이 오래 걸리거나 같은 상태가 오래 계속되어 따분하고 싫증이 나다'라는 뜻이다. 따라서 '지리한 장마, 지리한 교통 체증'은 틀리고 '지루한 장마, 지루한 교통체증'이 타당하다.

시에 나오는 '즈려밟다'가 틀렸다고? 지르밟다(O)

김소월의 유명한 시(詩) '진달래꽃'의 가사엔 '… 가시는 걸음걸음 놓인 그 꽃을 사뿐히 즈려밟고 가시옵소서'라는 부분이 있다. 이 시는 가수 마야가 '진달래꽃'이라는 노래로 불러 인기를 끌기도 했다. 일반인들이 옳다고 생각하는 '즈려밟고'는 표준어가 아니다. 표준어는 '지르밟다'로, 국어사전에서 뒤져 보면 '위에서 내리눌러 밟다'로 적혀 있다.

오래전 시에는 이처럼 맞춤법에 맞지 않는 구절이 꽤 있다. 시인들이 즐겨 사용하는 '내음(코로 맡을 수 있는 나쁘지 않거나 향기로운 기운)'도 10여 년 전에는 '냄새'의 비표준어였다가, 국민들이 널리 사용하다 보니 2011년 8월 국립국어원에서 표준어로 인정했다.

'즈려밟다'는 시와 노래의 영향 때문에 일반인들이 잘못 알고 있어서 안타까울 따름이다. KBS '우리말 겨루기'에도 일종의 킬러(초고난도) 문항으로 가끔 등장하는데 출연자가 당연히 못 맞히고 헤맨다.

콕 찝어서(X) 콕 집어서(O)

'(사람이 사물을) 지적하여 가리키다'라는 의미의 단어는 '찝다'가 아니라 '집다'이다. 이 동사는 '그는 여러 용의자 가운데 한 사람을 범인으로 집었다'처럼 쓸 수 있다. 반면 '찝다'는 방언이라고 사전에 적혀 있다. 그래서 '콕 집어서'가 바른 표현이다.

짜집기(X) 짜깁기(O)

박근혜 정부 때 '대통령의 세월호 7시간 행적, '짜집기' 수준'이라는 기사가 여러 매체에서 나온 적 있다. 바른 표기는 '짜깁기'다.

사전에는 '1. 직물의 찢어진 곳을 그 감의 올을 살려 본디대로 흠집 없이 짜서 깁는 일. 2. 기존의 글이나 영화 따위를 편집하여 하나의 완성품으로 만드는 일'이라고 수록돼 있다. 틀리게 쓰이는 '짜집기' 사용은 '짜깁기'보다 발음이 쉬워서 생겨난 현상이다.

짝짜기 / 짝짝이

'짝짝이'를 소리 내서 읽으면 '짝짜기'가 된다는 것 말고는 두 단어의 차이를 모르겠다는 기자들 본 적 있다.

'짝짝이'는 '서로 짝이 아닌 것끼리 합하여 이루어진 한 벌'이라는 뜻으로, "남편이 상갓집에 갔다가 짝짝이 구두를 신고 왔다"처럼 쓴다.

반면, '짝짜기'는 평소에 사회생활을 하면서 거의 쓸 일이 없다. 초등학교 음악 시간에 다들 써 봤듯이 '양손에 들고 마주쳐서 짝짝 소리를 내는 물건'인 '캐스터네츠'를 말한다.

짬짜미 / 짬짬이

'짬짜미'와 '짬짬이' 두 단어를 눈앞에 들이대면, 금방 구별하는 분들 많지 않을 거다. '짬짜미'는 '남모르게 자기들끼리만 짜고 하는 약속이나 수작'이란 뜻의 명사로, "공수처가 서울서부지방법원과 짬짜미해서 윤석열 대통령 체포영장을 재청구했다는 의혹이 있다"처럼 뉴스에 나온 적 있다.

반면, '짬짬이'는 '짬이 나는 대로 그때그때'라는 의미의 부사로, "언니는 직장에 다니면서도 짬짬이 아버지가 하시는 일을 도왔다"처럼 활용한다.

정리하면 '짬짜미'는 명사고, '짬짬이'는 부사다.

(껍질)채(X) (껍질)째(O), (뿌리)채(X) (뿌리)째(O)

“경영권 분쟁이 거래소 주식 상장을 ‘뿌리채’ 흔든다.” 예전에 보도된 경제 기사 중 일부다. 여기서 ‘뿌리채’는 ‘뿌리째’로 바로잡아야 한다.

‘~째’는 ‘그대로’ 또는 ‘전부’를 뜻하는 접미사다. 예를 들어 ‘포도를 껍질째 먹었다, 짬뽕을 그릇째 들고 국물을 마셨다’ 등으로 사용할 수 있다. 그래서 ‘통채로’가 아니라 ‘통째로’다.

‘째’와 ‘채’가 헷갈리는 이유는 ‘이미 있는 그대로의 상태’를 뜻하는 ‘채’라는 의존명사가 있어서일 거다. ‘옷을 입은 채로 물에 들어갔다, 벽에 기대앉은 채로 잠들었다’. ‘채’는 띄어 쓰고 ‘~째’는 붙여 쓰는 거라고 생각하면 된다.

쩔쩔메다(X) 쩔쩔매다(O)

‘어찌할 줄 몰라서 정신을 못 차리고 헤매다’라는 뜻의 동사는 참 헷갈린다. ‘쩔쩔매다’가 적합한 표현인데, ‘절절매다’보다 센 느낌을 준다.

‘쩔쩔메다’인지 ‘쩔쩔매다’인지 아리송할 때, 끈 같은 뭔가를 ‘매고’ 있으면 정신 못 차리고 답답한 것을 떠올려 ‘쩔쩔매다’로 기억하면 어떨까.

째째하다(X) 쩨쩨하다(O)

'너무 적거나 하찮아서 시시하고 신통치 않다' '사람이 인색하다'는 뜻으로 쓰는 말은 '째째하다'가 아니라 '쩨쩨하다'가 옳다. '사내자식이 어찌 그리 쩨쩨하냐. 좀 거시적으로 크게 보아라'처럼 쓸 수 있다. 발음상 구별은 힘들지만 글로 쓸 땐 주의해야 한다.

〈ㅊ〉

창란젓(X) 창난젓(O)

'명란젓(明卵젓)'은 '명태의 알을 소금에 절여 담근 젓'으로 이 단어를 잘못 쓰는 사람은 별로 없다. 그런데 '창난젓'을 '창란젓'으로 잘못 아는 주부들 허다하다. 재래시장 일부 가게에서는 '창란젓'으로 잘못 쓰여 있기도 하다.

'명란젓'이란 단어가 있어서인지 이와 연관 지어 한 글자만 다른 '창란젓'으로 잘못 쓰는 것 같다. '창난젓'은 '명태의 창자에 소금, 고춧가루 따위의 양념을 쳐서 담근 젓'으로 '알'을 의미하는 '란(卵)'과 아무 관계 없다.

몸을 추스렸다(X) 몸을 추슬렀다(O)

스포츠 기사에 "투수는 평균자책점 6.14로 마치고 나서 한동안 마음을 추스렸다"라고 보도된 적 있다. 여기서 '추스렸다'는 '추슬렀다'가 올바른 사용이다.

'일이나 생각 따위를 수습하여 처리하다'라는 의미의 동사는 '추스르다'이다. '추스리다'를 사전에 찾아보면 '추스르다'의 비표준어라고 나온다. '추스르다'는 '추스르니, 추스른, 추슬러, 추슬렀다'로 활용되는 르불규칙 동사다.

파국으로 치닫았다(X) 치달았다(O)

'힘차고 빠르게 나아가다'는 의미의 '치닫다'를 활용할 때 틀리는 경우 간혹 있다. '치닫는다, 치닫는'처럼 '–는, –는다' 같은 자음 어미가 오면 변하지 않지만, 모음 어미가 붙으면 '치달았다, 치달으니'처럼 바뀐다.

'깨닫다'라는 동사도 '깨달아, 깨달으니'처럼 바뀌는 비슷한 성질의 동사다.

시험을 치룬다(X) 치른다(O), 선거를 치뤘다(X) 치렀다(O)

대통령 선거, 국회의원 총선거나 지방 선거를 앞두고 뉴스를 보면 '선거를 치룬다, 선거를 치뤘다'라는 문장 심심치 않게 볼 수 있다. 앞서 한번 언급했던 것처럼, 필자는 표준말을 좀 쓴다는 서울 토박이라서 '치룬다, 치뤘다'란 말을 한 번도 사용한 적이 없는데, 기자가 되고 나서 다른 기자들이 쓴 기사를 보고 희한하다는 생각을 한 적 있다.

앞의 문장을 바로잡으면 '선거를 치른다, 선거를 치렀다'다. '주어야 할 돈을 내주다' '무슨 일을 겪어 내다'라는 의미를 지닌 동사는 '치루다'가 아니라 '치르다'다. '치루다'를 사전에서 뒤져 보면 '치르다'의 잘못이라고 실려 있다.

'칠칠맞다'는 칭찬인 거 아세요

'일 처리가 야무지지 못하고 주접스럽다'는 의미로 '칠칠맞다, 칠칠하다'라는 단어를 쓰는 경우가 적지 않다. 그런데 이것은 잘못된 표현이다.

'칠칠하다'와 이를 속되게 이르는 말인 '칠칠맞다'는 '주접이 들지 않고 깨끗하고 단정하다' '성질이나 일 처리가 반듯하고 야무지다'를 의미한다. 결국 '칠칠맞다, 칠칠하다'는 칭찬인 셈이다.

따라서 남의 단정하지 못한 행동을 야단칠 때는 '칠칠하지 못하다,

칠칠하지 않다'라고 써야 한다. "너는 왜 이렇게 칠칠맞니?"라는 것은 칭찬이고, "너는 왜 이렇게 칠칠치 못하니?"라는 것은 꾸중이라는 점 기억해 두자.

〈ㅌ〉

택(X)도 없다, 턱도 없다, 턱없다(O)

'이치에 닿지 아니하거나, 그럴 만한 근거가 전혀 없다'는 단어를 '택도 없다'처럼 잘못 사용한다. 제대로 된 표현은 '턱도 없다, 턱없다'이다. '택도 없다'는 경상북도 사투리다.

사전에는 '턱없다'가 한 단어로 나와 있고 '그의 말은 너무 턱없어 아무도 곧이듣지 않는다'가 예문으로 실려 있다.

'터울'은 형제, 자매 사이에만 쓰자

"대학 1년 선후배다. 나이는 두 살 터울이다. 그럼에도 친구처럼 지낸다. 프로농구 LG 신인 OOO과 XXX이 그렇다." 이 문장에서 뭔가 이상한 거 발견했나요.

여기서 '터울'은 잘못 사용된 것이다. '터울'은 사전에 '한 어머니의 먼저 낳은 아이와 다음에 낳은 아이와의 나이 차이'라고 실려 있다. 즉, 형제나 자매, 남매사이에만 쓸 수 있는 단어다.

앞의 잘못된 문장에선 '나이는 두 살 차이다'라고 고치면 어울린다.

〈ㅍ〉

담배를 피다(X) 피우다(O)

'담배를 피다'로 쓰는 남성들 부지기수다. 옳은 표기는 '담배를 피우다'이다. '어떤 물질에 불을 붙여 연기를 빨아들이었다가 내보내다'라는 의미의 '피우다'는 목적어를 동반해서 '담배를 피우다'로 사용되는데, '피다'로 줄여서 쓸 수 없다.

'피다'는 '꽃이 피다'처럼 목적어가 없을 때 자동사로 사용한다.

마찬가지로 '밤을 새우다, 바람을 피우다'도 '밤을 새다, 바람을 피다'로 줄여서 사용하면 안 된다.

여성 가수 듀오 '다비치'가 2008년 7월 발표한 노래 '사랑과 전쟁'의

가사 중에 '두번 다시 바람 피지 마, 니가 매달려 만난 거잖아'가 있는데, '바람피우지 마'가 올바른 표현이다.

〈ㅎ〉

'~하건대, ~하게, ~하기로, ~하지'에서 '하'가 완전히 탈락하는 경우

① 경악케(X) 경악게(O) 했다

1986년 5월부터 오랫동안 기자 생활을 하면서 취재, 편집을 한 데

이어 지금은 교열까지 보다 보니 직업병이 있다. 책을 읽을 때 맞춤법 틀린 것을 발견하면 "이 소설을 교열 본 사람은 이걸 모르나 보다"라고 잠깐 생각하고 넘어간다.

얼마 전 '불편한 편의점'이라는 2021년 출간된 베스트셀러 소설을 뒤늦게 찾아서 읽다가 '~을 경악케 했다'라는 잘못된 문장을 봤다. 적절한 표현은 '~을 경악게 했다'다. 기자들에게 왜 틀리는지 설명해도 금방 이해하지 못하고, 나중에 쓴 기사에서도 틀리는 경우를 자주 겪었다.

한글 맞춤법에는 "어간의 끝음절 '하'의 'ㅏ'가 줄고 ㅎ이 다음 음절의 첫소리와 어울려 거센소리로 될 때는 거센소리로 적는다"라고 나온다. 이 규정에 따르면 '간편하게'를 '간편케'로 쓸 수 있다. '경악하게'는 '하'를 완전히 줄이기 때문에 '경악케'가 아니라 '경악게'로 써야 한다.

정리하면 무성음(ㄱ, ㄷ, ㅂ, ㅅ) 다음에 줄어들 때는 ㅎ을 없애고,

유성음(ㄴ, ㄹ, ㅁ, ㅇ) 다음에 줄어들 경우엔 ㅎ을 살리는 것으로 규정한다.

② 녹록치(X) 녹록지(O), 익숙치(X) 익숙지(O) 않다, 생각치(X) 생각지(O) 못했다

일상생활에서 많이 쓰이는 표현들이다. 바로 위에서 설명한 대로 '생각하지, 녹록하지'가 줄면 '하'가 완전히 탈락해서 '생각치, 녹록치'가 아니라 '생각지, 녹록지'가 맞고, '익숙하지'는 '익숙치'가 아니라 '익숙지'가 된다.

③ 도입키로(X) 지급키로(X) 협력키로(X), 도입기로(O) 지급기로(O) 협력기로(O) 했다

어느 기업의 파업과 관련해서 "파업에 참여하면 기본급의 100%를 현금으로 지급키로 했다"는 기사 나온 적 있다. 여기서 '지급키로'는 잘못된 거다. '지급기로, 지급하기로'가 마땅하다.

경제 관련 기사에서도 많이 볼 수 있는 '도입키로, 협력키로'도 전부 잘못된 거다. '도입기로, 도입하기로, 협력기로, 협력하기로'로 써야 한다.

'하다'라는 어미 앞에 무성음 받침 ㄱ, ㅅ, ㅂ이 올 때는 '하'가 완전히 탈락하기 때문에 '키로'가 아니라 '기로'가 올바르다. 따라서 '지급키로'가 아니라 '지급기로'가 타당하다. 이렇게 적으면 마치 오자인 듯 보인다. 그럴 땐 줄이지 않고 '지급하기로, 도입하기로, 협력하기로'라고 쓰면 그만이다.

하지만 '당황하게, 황당하게, 지불하기로' 등 받침이 없거나 'ㄴ, ㄹ, ㅁ, ㅇ' 등 유성음 받침이 올 때는 '하'에서 남은 ㅎ과 다음 어미를 합쳐 '당황케, 황당케, 지불키로'라고 쓸 수 있다.

④ 마뜩찮다(X) 마뜩잖다(O)

"아버지는 그 사람을 사윗감으로 마뜩찮게 생각하고 있다." 이 문장을 보자마자 잘못된 곳을 바로잡아 낸다면 당신은 수준급 맞춤법 실력을 가진 거다.

'마음에 들 만하지 아니하다'라는 의미의 단어는 '마뜩찮다'가 아니라 '마뜩잖다'가 바른 형용사다. 이 단어는 '마뜩하지 않다'가 줄어든 것으로, 무성음 ㄱ 받침 다음의 '하'가 완전히 탈락해서 '마뜩지 않다'가 된 후 다시 '마뜩잖다'로 줄어든 것이다.

반면, '심심찮다'라는 단어와 비교해 보면, '심심하지 않다'에서 유성음 ㅁ 받침 다음의 '하'는 앞의 경우와 달리 완전히 탈락하지 않고 자음 ㅎ이 남기 때문에 'ㅎ+지'가 '치'로 되면서 '심심치 않다'가 되고 다시 줄어서 '심심찮다'로 쓴다.

2020년 10월 26일 KBS '우리말 겨루기' 우승자의 달인 도전 문제 1단계에 '섭섭잖은 vs 섭섭찮은 보답을 하다'가 있었는데, 위에서 말한 원리대로 줄어들기 전 '섭섭하지 않은'에서 무성음 ㅂ 다음의 '하'는 탈락해서 '섭섭지 않은'이 되고 다시 줄여 쓴 '섭섭잖은'이 정답이다.

⑤ 생각하건데(X) 생각하건대(=생각건대)(O)

보통 말하는 '그런데'처럼, '생각하건데'도 맞는 걸까.

'~건대'는 '뒤 절의 내용이 화자가 보거나 듣거나 바라거나 생각하는 따위의 내용임을 미리 밝히는 연결 어미'로, '내가 보건대 걔는 장차 크게 될 아이다' '제발 바라건대 정신 좀 차려라'처럼 활용한다. 따라서 '~하건데'처럼 쓰면 틀린다.

'생각하건대'를 줄이면 무성음 받침 ㄱ 다음의 '하'는 ㅎ이 남지 않고 완전히 탈락해서 '생각건대'가 되는 거다.

한가닥(X) 하다, 한가락(O) 하다

"저 아저씨는 왕년에 이 동네에서 주먹으로 한가닥 했어." 어디선가 들어 볼 수 있는 문장이지만, 잘못된 데가 한 곳 있다.

어떤 방면에서 썩 훌륭한 재주나 솜씨를 뜻하는 명사는 '한가락'

이다. 노래와 관련이 있는 '가락'의 의미를 사용하려면 '한 가락'이라고 띄어 써야 하고 "그는 목청을 돋우어 육자배기 한 가락을 구성지게 뽑았다"처럼 쓸 수 있다.

따라서 왕년에 솜씨를 날린 경우엔 '한가락'이고, 노래 한 곡조를 부르는 것은 '한 가락'이다.

한편, 띄어 쓰는 '한 가닥'은 한 개의 가닥을 뜻하는데, 아주 조금을 의미하며 '실낱같은 한 가닥 희망'처럼 기대를 나타낼 때 사용한다.

한켠(X) 한편(O)

"흡연인들을 위해 주차장 한켠에 추가로 흡연 부스를 설치했다"라는 기사 나온 적 있다. '한켠'이라는 말은 '한쪽'이나 '한편'의 잘못된 사용이다.

'한켠'이란 단어는 사전에 있지도 않고, '켠'은 사전에서 찾아보면 '편'의 잘못이라고 적혀 있다. 많은 언론사 기자들이 이 말을 어감이 좋아서인지 틀린 줄 모르고 자주 기사에 넣는다.

~할껄, 할께(X) 할걸, 할게(O)

대화 형식 문장에서 '~할께, ~할껄'로 쓰는 사람들 숱하다. 적절한 표기는 '~할게, ~할걸'이다.

동사 뒤에 붙는 어미 '~ㄹ게, ~ㄹ걸'이 바른말이기 때문에, 이를테면 '먹을게, 먹을걸'이 맞다. 우리가 평소에 내뱉는 발음이 된소리로 나기 때문에 너도나도 헷갈린다.

혼구녕(X) 혼구멍(X) 혼꾸멍(O)나다

"하루 종일 공부 안 하고 놀기만 하면 너, 엄마한테 혼구녕날 줄 알아." 어릴 적 엄마한테 한 번쯤 들어 보았을 꾸중이다. 여기서 '혼구녕'은 '혼꾸멍'이 올바른 표현이다. 마찬가지로 '혼구멍'도 역시 잘못 쓰이는 단어다.

설명이 좀 길어진다. '혼(魂)'은 사전에 '사람의 몸 안에서 몸과 정신을 다스린다는 비물질적인 것'이라고 나오는데, '혼'에 구멍이 나면 어떻게 될까. 사람이 정신적으로 망가질까. 그래서 '혼구멍'이라는 단어가 만들어지지 않았을까 생각할 수도 있다.

하지만 이런 설명으로는 아무래도 부족하다. 한글 맞춤법 규정에는 어원을 알 수 없거나 본뜻에서 멀어졌다고 판단되면, 원형을 밝혀 적지 않고 소리 나는 대로 쓴다고 돼 있다. 그래서 '혼꾸멍나다'가 표준어로 사전에 등재돼 있고 '혼나다를 속되게 이르는 말'로 설명해 놓았다.

'혼구녕'은 우리말샘에 '혼쭐'의 전남 방언, '혼구멍'은 전북 방언이라고 나온다. 하여튼 '혼구멍, 혼구녕'이 아니라 소리 나는 대로 쓰는 '혼꾸멍나다'가 표준어라고 외워 두자.

홑몸 / 홀몸

'홑몸'과 '홀몸' 두 단어를 눈앞에 들이밀었을 때 뜻의 차이를 금방 설명할 수 있나요?

"옆집 새신부는 허니문 베이비를 가져서 이젠 홀몸이 아니야." 이런 식의 문장을 주위에서 들은 적 있겠지만, 이상한 데가 있다. "홑몸이 아니야"로 써야 맞다. '홑몸'은 '아이를 배지 아니한 몸'으로 '홑몸도 아닌데 장시간의 여행은 무리다'처럼 쓴다.

'홑몸'에는 '딸린 사람이 없는 혼자의 몸'이란 뜻도 있어서 '그는 교통사고로 가족을 모두 잃고 홑몸이 되었다'처럼 응용한다.

반면, '홀몸'은 '배우자나 형제가 없는 사람'이란 의미만 있으며 '나는 부모도 없고 형제도 없는 홀몸이다'처럼 쓰면 적당하다. 앞의 '홑몸'의 두 번째 설명과 약간 비슷한 구석이 있다.

요약하면 '홑몸'이 임신을 하지 않은 몸이라고 기억하면 되고, 배우자나 형제가 없을 땐 '홑몸, 홀몸' 둘 다 쓸 수 있다. 한국어능력시험이나 언론사 시험 같은 데서는 '임신'과 관련돼서 묻는 경우가 허다하다. '임신한 여성은 홑몸이 아니다'라고 기억해 두자.

흐리멍텅하다(X) 흐리멍덩하다(O)

"오랜 기간 알이 두꺼운 안경을 쓰다 보니, 어렸을 때부터 눈이 흐리멍텅하다는 이야기를 많이 들었다." 방송 예능 프로그램에서도 맹활약하고 있는, 2024년 KBS 연예대상에서 대상을 받은 트로트 가수 이찬원이 했던 이야기다.

'정신이 맑지 못하고 흐리다'라는 형용사는 흔히 '흐리멍텅하다'라고 쓰지만 국어사전에는 '흐리멍덩하다'라고 나와 있다. '흐리멍텅'은 북한어라고 나오는데, 남북의 표현 차이가 있는 단어 중 하나다.

복수 표준어들

가뭄 / 가물, 가엾다 / 가엽다, 넝쿨 / 덩굴, 늑장 / 늦장, 들락거리다 / 들랑거리다, 들락날락 / 들랑날랑, 들쑥날쑥 / 들쭉날쭉, 따뜻하다 / 따듯하다, 딴전 / 딴청, -트리다 / -뜨리다, 만큼 / 만치, 모쪼록 / 아무쪼록, 봉숭아 / 봉선화, 벌레 / 버러지, 뾰두라지 / 뾰루지, 서럽다 / 섧다, 언덕바지 / 언덕배기, 여쭈다 / 여쭙다, 여태 / 입때, 옥수수 / 강냉이, 일찌감치 / 일찌거니, 잇달다 / 잇따르다, 제가끔 / 제각기, 좀처럼 / 좀체, 후텁지근하다 / 후덥지근하다

틀리기 쉬운 한자어

(성냥)곽(X) (성냥)갑(O), (우유)곽(X) (우유)갑(O)

2019년 10월 28일 KBS '우리말 겨루기'에서 출연자 4명 중 우승한 뒤 풀어야 하는 달인(상금 3,000만 원) 도전 1단계 문제에 '우유곽, 우유갑' 중 어떤 게 정답인지 묻는 문제가 나왔다.

'곽'을 사전에서 검색하면 '갑(물건을 담는 작은 상자)'(匣)의 잘못이라고 적혀 있다. 따라서 '우유곽, 성냥곽'이 아니라 '우유갑, 성냥갑'이 제대로 된 사용이다.

혹시 [우유깝]으로 된소리 발음 나서 '우윳갑'으로 사이시옷 들어가지 않을까 생각하는 사람도 있지만 牛乳匣 한자어라서 사이시옷이 안 들어간다.

更新 한자는 같은데 다르게 읽는 '갱신 / 경신'

"서울에 2024년 7월 21일부터 8월 16일 밤까지 연속 27일째 열대야가 나타나 역대 최장 열대야 기록을 '갱신'했습니다" 모 방송 날씨 기사 중에 있던 표현이다. 한자는 같은데 경우에 따라 다르게 읽는 '更新'을 헷갈려서 쓰는 사람들 간혹 있다.

'기록경기 따위에서, 종전의 기록을 깨뜨림'이나 '어떤 분야의 종전 최고치나 최저치를 깨뜨림'은 '경신'으로 '신기록 경신, 최고치 경신'처럼 쓴다.

반면 '갱신'은 '법률관계의 존속 기간이 끝났을 때 그 기간을 연장하는 일'을 의미하므로, '비자 갱신' '전세 계약 갱신'처럼 사용된다.

결재 / 결제

헷갈리는 '결재'와 '결제'를 도대체 어떻게 구분해야 할까.

'결재(決裁)'는 '결정할 권한이 있는 상관이 부하가 제출한 안건을 검토하여 허가하거나 승인함'이란 뜻으로 '서류 결재'처럼 쓰이고, '결제(決濟)'는 '증권 또는 대금을 주고받아 매매 당사자 사이의 거래 관계를 끝맺는 일'로 나온다.

'결재 / 결제' 끝의 한 글자가 헷갈리는데, '결제'는 '경제' 활동이라 생각하면 외우기 쉽지 않을까.

곤혹(X) 곤욕(O)을 치르다

“이 회사는 지난해 직원 경력을 허위로 작성해 입찰을 따냈다는 의혹이 불거져 곤혹을 치렀다.” 뉴스에 보면 이런 문장 꽤 나온다. 이 문장의 ‘곤혹을 치렀다’는 ‘곤욕을 치렀다’로 수정해야 한다.

‘곤혹(困惑)’은 ‘곤란한 일을 당하여 어찌할 바를 모름’을 의미하는 말이기 때문에 ‘곤혹스럽다, 곤혹을 느끼다’처럼 쓴다.

반면 ‘곤욕(困辱)’은 ‘심한 모욕 또는 참기 힘든 일’을 의미하며 ‘곤욕을 치르다, 곤욕을 겪다, 곤욕을 당하다’ 등으로 활용된다.

과반(X)을 넘었다, 절반(O)을 넘었다

누군가를 투표로 뽑을 때 "투표 결과, 찬성표가 과반을 넘었습니다"로 자주 쓴다. 얼핏 보면 맞는 것 같지만, 자세히 들여다보면 이상하다.

'과반(過半)'이라는 단어가 '반을 넘다'라는 뜻이기 때문에 '넘다'라는 단어를 덧붙일 필요가 없다. "투표 결과 찬성표가 과반입니다" 또는 "찬성표가 절반을 넘었습니다"로 말하면 제대로다.

금세

'지금 바로'를 뜻하는 단어는 '금새'와 '금세' 중 무엇일까. 답은 '금세'다.

'금세'는 '지금 바로'라는 뜻으로 '금시(今時)에'의 준말이다. 이 단어가 헷갈리는 이유는, 아마도 시간의 흐름을 나타내는 '어느새, 10년 새(사이)' 같은 단어 때문이 아닌가 생각한다.

반면 '금새'는 '물건의 값'을 뜻하는 순우리말로, 요즘은 사실상 쓸 일이 없고 1900년대 초중반 소설에나 나온다.

난도 / 난이도

매년 가을 대학수학능력시험(수능)이 끝나면 다음과 같은 기사가 언론에 쏟아진다. "올해 수능은 난이도가 높아졌다." 이 문장은 맞는 것 같지만, 틀렸다.

'난도(難度)'는 '어려움의 정도'이고 '난이도(難易度)'는 '어려움과 쉬움의 정도'라는 뜻이다. '난이도가 높아졌다'는 '어려움과 쉬움의 정도가 높아졌다'는 의미라서 어려워진 건지, 쉬워진 건지 알 수가 없다. 따라서 "올해 수능은 난도가 높아졌다"가 올바른 문장이다.

'난이도'는 "모의고사 결과에 따라 난이도를 조절할 계획이다"처럼 쓰면 어울린다.

'대범한' 도둑이 과연 있을까

기자들이 보통 범죄 용의자의 범행 수법에 대해 '대범하다'라는 말을 무의식적으로 즐겨 쓴다. 하지만 '대범(大汎)하다'는 '성격이나 태도가 사소한 것에 얽매이지 않으며 너그럽다'는 뜻이므로 전혀 다르다.

이런 경우 '담력이 크고 용감하다'는 뜻의 '대담(大膽)하다'로 쓰는 것이 적절하다. '대담하다, 대범하다' 언뜻 비슷한 단어처럼 들리지만 뜻은 천지 차이다.

역사상 굳이 '대범한 도둑'을 예로 들자면, 영국의 '로빈 후드', 조선시대 허균의 소설 홍길동전 속의 '홍길동', 조선 명종 때 의적 '임꺽정'

등이 아닐까.

'대첩'은 과거형에만 쓰는 거 아십니까

매년 가을이 되어 프로야구 포스트시즌이 시작되면 신문 스포츠면에 가끔 다음과 같은 제목이 나온다. '오늘 KIA-삼성 한국시리즈 잠실 대첩.' '대첩'을 왜 잘못 사용한 건지 아무리 생각해 봐도 모르는 분들 많다.

'대첩(大捷)'은 '크게 이겼다'는 뜻으로, '이순신의 명량대첩, 한산도 대첩, 강감찬의 귀주대첩'처럼 이미 지난 싸움에서 크게 승리했을 때 쓰는 거다. 따라서 아직 일어나지도 않은 싸움은 '대결, 대전, 한판 승부' 등으로 써야 한다. '대결'의 어감이 조금 약하다고 '대첩'을 함부로 쓰면 안 된다.

케이블 방송 tvN에서 시즌제로 방영됐던 프로그램 '한식 대첩'도 잘못 사용된 거다. '한식 대결'이어야 되는데, 제목으로서 어감이 약해서인지 '한식 대첩'이라고 쓴 것 같은데, 틀린 거다.

방송 프로그램 제목에서 맞춤법 오류를 발견할 때마다 매번 아쉬운 생각이 든다. 방송국 시스템상 누군가가 프로그램 제목 맞춤법 같은 걸 심의해야 하지 않을까.

반증 / 방증

'반증'과 '방증' 두 단어는 알고 나서도 헷갈리는 명사들이다. '반증(反證)'이란 '사실이나 주장에 반대되는 증거'를 뜻하고, '방증(傍證)'은 '주변의 상황을 밝힘으로써 간접적으로 증명에 도움을 주는 증거'를 말한다.

이를테면 '가설을 어떻게 세우고 검증하느냐에 따라 학설이나 믿음을 '반증'을 통해 뒤집을 수 있어야 자연과학이라 할 수 있다. 한국형 규제 샌드박스를 도입한 것은 어찌 보면 자연스러운 일이다. 그만큼 법 개정을 통한 규제 혁신이 무척 어렵다는 걸 '방증'한다'는 알맞게 사용한 예다.

기사에서 '방증'을 써야 할 곳에 '반증'으로 잘못 쓰는 경우가 허다하다. 아마도 '반증'보다는 상대적으로 '방증'이라는 말에 대한 인식이 부족해 나타나는 현상이라고 전문가들은 말한다.

보냉 백(X) 보랭 백(O)

더운 여름에 인터넷 쇼핑몰에 들어가 보면 음식물을 차게 보관해 주는 물건에 '보냉 백'이라고 쓰여 있다. 하지만 한자어 보랭(保冷)은 '보냉'이 아니라 '보랭'으로 표기한다.

단어 첫머리의 'ㄹ'은 두음법칙 적용으로 'ㄴ'으로 적지만 첫머리가 아닌 경우엔 본래 음대로 표기하기 때문이다. 즉 냉난방(冷煖房) · 냉

각(冷却) · 냉탕(冷湯)처럼 '차가울 랭(冷)'이 단어 첫머리에 올 때는 두음법칙에 따라 '냉'이라 적는다.

하지만 한랭전선, 고랭지(高冷地) 배추, 급랭(急冷)처럼 단어의 첫머리가 아니면 본음대로 '랭'이라 쓴다.

(염치) 불구하고(X) 불고하고(O)

"그는 염치 불구하고 나에게 돈을 빌려 달라고 말했다." 이 문장에서 틀린 부분을 발견했다면 당신의 우리말 실력은 보통이 아니다.

'불고(不顧)하다'는 '돌아보지 아니하다'라는 뜻으로, 사전 예문을 보면 '그는 아예 아래로 내려와 염치 불고하고 이 판서 옆에 비집고 누웠다'처럼 나온다.

여기서 '불고하다'는 우리가 평소에 쓰는 '~에도 불구하고'와는 완전히 다른 단어이다. '불구(不拘)하다'는 '얽매여 거리끼지 아니하다'라는 뜻으로 '그는 몸살에도 불구하고 회사에 출근했다'처럼 적으면 된다.

사법고시(X) 사법시험(O)

'사법고시'라고 잘못 알고 있는 국민들 수두룩하다. 외무고시, 행정고시는 '고시'라고 사용하는데 왜 '사법고시'가 아닐까.

오래전 인원을 적게 선발하던 시절엔 '사법고시'였다. 소수 인원을 뽑던 당시에는 고시에 합격하면 무조건 공무원으로 채용됐다. 그런데 사법개혁 추진에 따라 1천 명 안팎 뽑는 변호사 자격시험으로 바뀌면서 판사, 검사는 공무원이 되지만 변호사는 공무원 신분이 아니라서 명칭을 '사법시험'으로 바꿨다. '외무고시, 행정고시'에 붙으면 100% 공무원이 된다.

'사법고시'를 사전에 검색해 보면 '사법시험'의 이전 말이라고 뜬다.

성과금(X) 성과급(O)

매년 대기업들의 임금 협상이나 파업과 관련된 뉴스 중에 노동조합 측의 요구사항을 나열하면서 '성과금'이라고 쓰여 있는 걸 종종 본 적 있다. 바른말은 '성과급'이다.

'성과급(成果給)'은 사전에 '작업의 성과를 기준으로 지급하는 임금'이라고 적혀 있다. '성과금'은 '상여금'이라는 단어 때문에 유추해서 잘못 사용되는 듯하다. 특히 관공서나 기업, 노조의 보도 자료에 '성과금'이라고 잘못 쓰여 있어 기자들이 살펴보지 않고 그대로 기사로 옮기다 보니 잘못 나오기도 한다.

승락(X) 승낙(O)

'청하는 바를 들어줌'이란 단어를 '승락'으로 잘못 아는 사람들 있다.

옳은 표기는 '승낙(承諾)'이다. '낙'이 '허락(許諾)'의 '락'과 같은 한자이지만 표기가 달라서 특이한 경우다.

승전고 / 승전보

'승전고'와 '승전보'. 한자(漢字)를 자세히 배우지 않은 사람들은 두 단어가 동의어라고 생각할지도 모른다. 그런데 한자를 자세히 들여다보면 같지 않다.

'승전고(勝戰鼓)'는 '싸움에 이겼을 때 울리는 북'이라서 '승전고를 울려 승리의 소식을 알렸다'처럼 쓰이고, '승전보(勝戰譜)'는 '싸움에 이긴 경기를 적은 기록'이라서 '거북선은 우리 해전사에 길이 남을 위대한 승전보를 남겼다'처럼 활용한다.

그런데 인터넷상의 뉴스를 보면 '승전보를 울렸다'처럼 잘못 쓴 기사들이 심심찮게 나온다. 이런 경우는 기자가 한자어를 제대로 알지 못한 거라고 보면 된다.

한마디로 정리하면, '승전고'는 '울리고' '승전보'는 '남기거나 전하는 것'이라고 보면 간단하다.

'역임(歷任)' 함부로 쓰면 틀려요

"그는 21대 국회의원을 역임했다." 이 문장이 왜 틀릴까. '역임'을 사전에서 찾아보면 '여러 직위를 두루 거쳐 지냄'이라고 나오므로 '그는 XX신문 사회부장, 정치부장, 편집국장을 역임했다'처럼 쓴다.

하나의 자리를 얘기할 땐 그냥 '지냈다, 맡았다'를 쓰면 적당하다. 맨 앞의 문장을 바로잡으면 '그는 20대 국회의원을 지냈다'가 된다.

(출생) 년도(X) 연도(O)

'출생년도'라고 잘못 쓰는 기사들 심심치 않게 나온다. '출생년도'는 사전에 한 단어로 나오지 않기 때문에 '출생'과 '년도'를 띄어서 써야 하는데, 年度는 두음법칙에 따라 '연도'로 쓴다.

숫자 다음에 오는 '2025년도'나 '전년도' 같은 일부 단어를 제외하고, '회계 연도, 설립 연도, 졸업 연도, 1차 연도'처럼 대부분 '~연도'로 쓰면 맞는다.

염두하다(X) 염두에 두다(O)

"독일 연방국 헌병대와 방첩국은 기지 주변 담장이 훼손됐기 때문에 외부인 침입 가능성을 염두하고 있다." 이 기사에서 '염두하고 있다'는 '염두에 두고 있다'가 바른 문장이다.

'염두(念頭)'는 '생각의 시초' 혹은 '마음속'이라는 사전적 의미를 가지고 있다. '염두'가 '생각의 시초'의 뜻일 때는 '염두가 나다'로, '마음속'

의 뜻일 때는 '염두에 두다'로 쓰는 것이 타당하다. '염두하다'는 사전에 없는 단어다.

유명세를 타다(X) 유명세를 치르다(O)

언론 매체 기사에서 '유명해졌다'는 의미를 '유명세를 탔다'고 잘못 쓰는 뉴스들 차고 넘친다. 사전에서 뒤져 보면 '유명세(有名稅): 세상에 이름이 널리 알려져 있는 탓으로 당하는 불편이나 곤욕을 속되게 이르는 말'로 수록돼 있다.

'유명세'의 '세'는 '권세 세勢'가 아니라 '세금 세稅'다. 즉 '유명해져서 치르는 곤욕'을 말한다.

자주 쓰이는 '유명세를 탔다'는 표현은 '유명세'의 의미를 잘못 이해한 것으로, 연예인들처럼 유명해서 평소 집 앞에 팬들이 몰려 있는 등 곤욕을 치르는 경우에만 '유명세를 치르다, 유명세가 따르다'를 쓰고, 그 밖의 경우엔 '이름을 날렸다, 명성을 떨쳤다, 유명해졌다'로 쓰는 것이 올바르다.

운명을(X) 달리하다, 유명을(O) 달리하다

"위안부 피해자 OOO 할머니가 향년 90세로 운명을 달리했다." 한 일간지의 인터넷판 기사의 한 부분이다. 어디가 틀렸는지 설명할 차

례다.

'인간을 포함한 모든 것을 지배하는 초인간적인 힘' '앞으로의 생사나 존망에 관한 처지'를 뜻하는 '운명'은 한자로 運命이다. '죽다'라는 뜻의 '운명하다'의 한자는 '殞(죽을 운) 命(목숨 명)'이라서 엄연히 다르다.

'殞命하다'를 '殞命을 달리하다'나 '運命을 달리하다'라고 쓸 수 없다. 이런 오류는 '죽다'의 완곡한 표현인 '유명(幽明)을 달리하다' 때문에 생겼을 것 같은데, '유명'과 '운명'을 혼동한 것으로 보면 된다.

'유명(幽明)'은 '저승과 이승을 아울러 이르는 말'이라서 '유명을 달리하다'는 '이승에서 저승으로 가다'라는 뜻이 되므로 '죽다'라는 의미다.

율 / 률

'비율'을 의미하는 한자어 率이 단어 뒤에 붙을 때 엄청나게 헷갈린다.

구별하는 방법은, 바로 앞 음절에 받침이 없거나 ㄴ 받침일 때는 '율'로 쓰고(예: 판매율, 출산율), ㄴ 말고 다른 받침이 올 때는 '률'이 알맞다(예: 성장률, 증감률).

일사분란(X) 일사불란(O)

"소방대원들은 소화기와 옥내 소화전을 이용해 '일사분란'하게 훈련에 임했다"라는 기사 있었는데, 바른 사자성어는 '일사불란'이다.

한자를 배우지 않은 세대들이 주로 잘못 쓰는데, 단어 중에 [불란]으로 발음되는 '분란(紛亂 : 어수선하고 소란스러움)'이 있어서 그런 듯하다.

'한 오라기의 실도 흐트러지지 않았다'는 뜻으로 질서나 체계가 잘 잡힘을 나타내는 사자성어는 '일사불란(一絲不亂 · 한 일, 실 사, 아니 불, 어지러울 란)'으로 세 번째 글자가 '분'이 아니라 '아니 불'이다.

일침했다(X) 일침을 가했다(O)

언론 매체 뉴스 중에 "~라고 일침했다"처럼 쓰는 기자들 간혹 있다.

적절한 말은 '일침을 가했다'다. '일침(一鍼)'은 '침 한 대라는 뜻으로, 따끔한 충고나 경고를 이르는 말'이라고 사전에 나오며, '일침을 가하다' '일침을 놓다'처럼 쓰인다.

임대료 / 임차료

'임대료와 임차료' 두 단어를 구별하지 못하는 일반인들 부지기수다. 다음과 같은 기사 있었다. "무주택자가 주거를 위해 부담하는 주택임대료를 올리기로 했다." 여기서 '임대료'는 '임차료'로 수정해야 한다.

'임대료(賃貸料)'는 '남에게 물건이나 건물 따위를 빌려준 대가로 받는 돈'이고, '임차료(賃借料)'는 '남의 물건을 빌려 쓰는 대가로 내는 돈'이다. 건물주가 받는 돈은 '임대료', 세입자가 내는 돈은 '임차료'인데, 두 단어를 구별하지 않고 무조건 '임대료'라고 잘못 쓰는 게 현실이다.

'임산부'와 '임신부'는 동의어가 아니다

'구급차서 분만한 임산부.' 이런 제목이 달린 뉴스 종종 접할 수 있다. 여기서 '임산부'는 '임신부'로 바꿔야 한다.

'임산부(妊産婦)'는 '임부(=임신부, 아이를 밴 여자)'와 '산부(아이를 갓 낳은 여자)'를 아울러 이르는 말로, '임신부(妊娠婦)'와 구별해서 써야 한다.

마찬가지로 지하철 노약자석에 쓰여 있는 '임산부'도 '임신부'로 바로잡아야 하는데, 아래 조그마한 영어 글씨로 pregnant woman이라고 쓰여 있기 때문이다. 또는, 배가 부른 사람이 앉아 있는 그림이 그려져 있기도 하다.

'임산부'라는 용어가 제대로 사용되는 장소는 아마도 '임부'와 '산부'가 모두 왔다 갔다 하는 산부인과 병원 정도 아닐까.

자문을 구하다(X) 자문을 하다(O)

전문가에게 의견을 묻는 것을 '자문을 구하다'라고 대다수가 잘못 쓴다. 제대로 된 표현은 '자문을 하다'이다.

'자문(諮問)'을 사전에서 쳐 보면 '어떤 일을 좀 더 효율적이고 바르게 처리하려고 그 방면의 전문가나, 전문가들로 이루어진 기구에 의견을 물음'이라고 나온다.

그래서 전문가들은 헷갈리는 '자문'보다는 '조언을 구하다, 조언을 받다'로 쓰면 쉽다고 충고한다.

절대절명(X) 절체절명(O)

2025년 1월 탄핵 심판 중이었던 윤석열 대통령이 헌법재판소에 제출한 답변서에 "민주당 독재를 막는 것이 이 시대 우리 민족의 '절대절명'의 의무"라고 적혀 있었다는 뉴스 있었다. 여기선 '절대절명'이 문제다.

'몸도 목숨도 다 되었다는 뜻으로, 어찌할 수 없는 절박한 경우를 비유적으로 이르는 말'은 한자어로 絕體絕命이라서 '절체절명'이 옳은 사자성어다.

'수험생이 원서를 접수했다'가 틀린 문장이라고?

"고3 아들이 대학에 원서를 접수했다." 이 문장이 왜 틀렸는지 모르는 사람들 많다. 일부 뉴스에서 'XX그룹 지원을 희망하는 취업 준비생들은 20일까지 서류를 접수해야 한다'라고 쓰는 경우도 역시 잘못된 거다.

'접수(接受)'는 '신청이나 신고 따위를 구두나 문서로 받는 것'을 의미

하기 때문에, 받는 사람 입장에서만 '접수'를 쓸 수 있다. 따라서 지원자들의 서류를 받는 기업으로서는 '서류 접수'라고 말할 수 있지만, 서류를 내는 지원자로서는 '서류를 제출했다' 또는 '서류를 냈다'고 표현해야 한다. 서류를 받는 주최 측에서 써 붙인 '접수 창구'는 당연히 맞는 거다.

'접수'를 대다수 사람이 '내는 것'이라고 잘못 알고 있으니까 국립국어원에서 사전에 '낸다'는 뜻을 추가하면 되지 않을까 생각할 수도 있지만, '접수'는 한자어라서 뜻을 함부로 고치기가 쉽지 않을 거라고 생각한다.

지적재산권(X) 지식재산권(O)

'지적재산권'이란 단어가 익숙하다면 당신은 MZ 세대가 아니라고 보면 맞을 듯하다. '지적재산권'은 2000년대 초반 '지식재산권'으로 용어가 바뀌었다.

'지식재산권(知識財産權)'은 지적 활동으로 인하여 발생하는 모든 재산권으로, 산업 발전을 목적으로 하는 공업 소유권과 문화 창달을 목적으로 하는 저작권으로 크게 나뉜다.

2000년 이전에 중고교나 대학교에서 교육받은 이들은 여전히 '지적재산권'으로 기억하고 있을 것이다. 사전에 '지적재산권'을 검색하면 '지식재산권의 옛 용어'라고 실려 있다.

천상(X) 배우, 천생(O) 배우

"그는 카메라 앞에서는 '천상' 배우." 드라마나 영화에서 잘나가는 여배우를 두고 '천상 배우, 천상 여자'라고 잘못 쓰는 연예 기사들 수두룩하다.

그러나 '천상(天上)'은 '하늘 위'를 의미하므로 '하늘 위에 있는 배우'란 말은 어법에 맞지 않는다. '천생(天生)'은 '하늘로부터 타고남 또는 그런 바탕'을 의미하므로 '천생 배우, 천생 여자, 천생 기자'처럼 써야 한다.

그런데 '천상'도 바로 쓰이는 경우가 있다. 뮤지컬이나 합창단 같은 데서 화음을 나타낼 때 '천상의 하모니'라고 하는 건 맞는 거다.

천정(X) 천장(O)

사건 기사 중의 한 부분이다. "그는 축사 '천정' 환풍구에 라이터로 불을 질러 22만 원의 재산 피해를 낸 혐의를 받고 있다." 여기서 '천정'은 틀렸고 '천장(天障)'이 맞는 단어다.

'천장'은 지붕의 안쪽이나 지붕 안쪽의 구조물을 가리키기도 하고 지붕 밑과 반자 사이의 빈 공간에서 바라본 반자를 가리키기도 한다.

다만 '천정'이 쓰이는 경우는 '천정부지(天井不知, 천장을 모른다는 뜻으로, 물가 따위가 자꾸 오르기만 함을 이르는 말)'라는 사자성어뿐이다.

철썩같이(X) 철석같이(O) 믿었다

"너를 철썩같이 믿었는데 네가 그렇게 배신할 줄 몰랐다." '마음이나 의지, 약속 따위가 매우 굳고 단단하게'라는 부사를 '철썩같이'라고 잘못 쓰는데 바른말은 '철석같이'다. 발음이 [철썩]이라고 된소리로 나다 보니 '철썩'으로 잘못 아는 듯하다.

여기서 '철석'은 한자어 鐵石이라고 아는 순간 '철썩같이'라고 잘못 쓸 일은 줄어들지 않을까.

(추진하던 일이) 파토(X) 났다, 파투(O) 났다

무언가 일이 잘못되는 경우 '파토'가 났다는 말을 많이 쓴다. "약속이 파토 났다" "마음에 들지 않는다며 파토를 놓았다" "결혼이 파토가 났다" 등처럼 종종 쓰인다.

하지만 이렇게 사용되는 '파토'는 표준어일까? 자주 쓰는 말이라 별로 이상하게 느껴지지 않지만 표준어가 아니다. 표준어는 '파투'다.

'파투'는 한자어로 깨뜨릴 파(破)와 싸움 투(鬪)로 이뤄져 있다. 직역하면 싸움을 깨뜨린다는 뜻이다. 즉 싸움판이 깨져서 무효가 된다는 의미다.

'화투 놀이에서, 잘못되어 판이 무효가 됨' '일이 잘못되어 흐지부지됨을 비유적으로 이르는 말'은 '파투'라고 사전에 나오며, '파투가 나다, 파투를 놓다'처럼 쓴다.

폄훼

'폄훼(貶毁)'를 사전에서 뒤져 보면 '남을 깎아내려 헐뜯음'이란 의미로 '죽은 사람을 폄훼하지 말자'처럼 쓰이고, '폄하(貶下)'는 사전에 '가치를 깎아내림. [역사] 치적이 좋지 못한 수령을 하등으로 깎아내리던 일'이라고 나오며 '그 화가의 나이가 어리다고 해서 그의 작품까지 함부로 폄하할 수는 없다'처럼 사용된다.

두 명사 중 '폄훼'엔 '헐뜯는다'는 의미가 좀 더 크다. 그러나 국어학자들은 동사로 쓸 땐 어려운 한자어보다는 우리말 '깎아내리다(인격이나 권위 따위를 헐뜯어서 떨어지게 하다)'를 쓰기를 권한다.

풍지박산(X) 풍비박산(O)

"아버지의 도박 때문에 온 집안이 풍지박산 났다." 이런 식의 문장을 당신도 들은 적 있을 거다. 하지만 '풍지박산'은 옳은 표현이 아니다.

'사방으로 날아 흩어짐'을 의미하는 한자어는 風飛雹散으로 2번째 글자가 '날 비'라서 '풍비박산'이 맞다. 사전 예문에 "사업의 실패로 풍비박산이 된 집안을 수습했다'처럼 적혀 있다.

피로 회복(X) 피로 해소(O)

동아제약에서 생산하는 자양 강장 음료 '박카스' 광고에 '피로 회복'이라는 문구 나온다. 하도 귀에 익어서 맞는 단어라고 착각한다.

'피로(疲勞)'가 '회복(回復)'되면 말 그대로 다시 피곤한 거다. 적합한 말은 '피로 해소' 또는 '원기 회복'이다.

희노애락(X) 희로애락(O), 大怒 대노(X) 대로(O)

자주 잘못 쓰이는 '희노애락'은 '희로애락'이 바른 사자성어다. '희로애락(喜怒哀樂)'은 '기쁨과 노여움과 슬픔과 즐거움을 아울러 이르는 말'이라는 뜻으로 사람이 경험할 수 있는 다양한 감정을 통틀어 의미한다.

한자어 怒의 원래 발음은 '노'다. '격노(激怒)' '분노(憤怒)' 등은 본음대로 발음하면 알맞다. 한글 맞춤법 제52항에서는, 한자어에서 본음으로도 나고 속음으로도 나는 것은 각각 그 소리에 따라 적는다고 규정하고 있는데, 喜怒哀樂은 속음으로 나기 때문에 '희로애락'으로 적어야 한다.

한자어에서 속음(俗音)은 세속에서 널리 사용되는 익은소리(습관음)로, 한자의 원음이 변하여 대중에 널리 쓰이는 음을 말한다. 그 예로 六月을 '육월'로 읽지 않고 '유월'로 읽거나 受諾을 '수낙'으로 읽지 않고 '수락'으로 읽는 것 등을 들 수 있다.

또, 크게 화를 낸다는 '大怒'는 '대로'라고 읽는다. 방송 자막에 자주 나오는 '극대노' 또한 틀린 거다. '대로'에다 '정도가 심한'이란 접두사 '극(極)-'이 붙으면 '극대로'로 써야 한다.

'청하는 바를 들어주다'는 뜻의 말을 '승락'으로 잘못 표기하는 경우도 적지 않은데 '승낙(承諾)'이 올바르다.

'평안할 녕(寧)'자는 사람 이름에 쓰였을 때 발음이 달라지는데, '충녕대군(忠寧大君) 효령대군(孝寧大君) 양녕대군(讓寧大君)'처럼 앞에 받침이 있으면 '녕', 받침이 없으면 '령'이라고 읽는 것을 알 수 있다. 또 지명을 읽을 때에도 '金寧(김녕), 昌寧(창녕), 載寧(재령), 會寧(회령), 宜寧(의령)'처럼 앞 글자의 받침 여부에 따라 같은 규칙이 적용된다.

반드시 붙여 써야 할 단어들

가량, 여(餘), 커녕

'가량'과 '커녕'을 띄어 쓴다고 아는 사람들 허다하다. '가량'은 '정도'를 나타내는 접미사라서 붙여 써야 한다. 예를 들어 '10%가량, 30세가량, 한 시간가량' 등으로 쓸 수 있다.

또 '말할 것도 없거니와 도리어'라는 의미의 '커녕'은 보조사로서 앞 단어에 붙여 써야 하며 '밥커녕 죽도 못 먹는다'처럼 활용한다. '커녕' 앞에 조사가 붙은 '~은커녕, ~는커녕'도 마찬가지로 붙여 쓴다.

'가량'과 '커녕'은 글자 모양이 마치 띄어 써야 할 것 같은 명사처럼 보이지만, 접미사와 보조사이므로 앞 단어에 붙여 쓰는 거다.

또 '그 수를 넘음'의 뜻을 더하는 접미사 '여(餘)'도 '100여 개, 20여 년'처럼 앞 단어에 붙여 써야 한다.

'검은돈, 큰돈'을 붙여 쓰는 이유

'돈'이라는 명사를 수식하는 '검은'이라는 형용사를 띄어 쓰면 원래 형용사의 뜻 그대로 되고, 붙여 쓰면 합성어인 관용표현이 된다. 즉, '검은 돈'처럼 띄어 쓰면 말 그대로 검은색 돈이라는 뜻이고, '검은돈'처럼 붙여 쓰면 뇌물의 성격을 띠거나 그 밖의 정당하지 못한 방법으로 주고받은 돈을 이르는 말이 된다.

'맏아들'을 뜻하는 '큰아들'(띄어 쓰면, 키가 큰 아들), '액수가 큰 돈'을 뜻하는 '큰돈'(띄어 쓰면, 크기가 커다란 돈) 등도 꾸며주는 말을 띄어 썼는지에 따라 뜻이 바뀌는 말이다.

사실상 '검은돈'과 '큰돈'은 일상생활에서 띄어 쓸 일이 거의 없다. 색깔이 까만 돈과 크기가 커다란 돈이라고 쓸 일이 있을까?

'큰아들'을 붙여 쓰는 것과 마찬가지로 '작은아들, 큰아버지, 큰이모, 작은엄마' 등 '큰–, 작은–'이 붙는 가족 호칭은 모두 붙여 써야 한다. '작은 아들'처럼 띄어 쓰면 '키가 작은 아들'이 된다.

~는지 / ~ㄹ지

붙여 써야 하는 '있는지 없는지'를 '있는 지 없는 지'로 띄어 쓰는 사람들 수두룩하다. '~는지'가 한 어미이기 때문에 붙여 써야 한다. 같은 의미인 '있는가 없는가'에서 '있는 가 없는 가'처럼 띄어 쓰는 사람은 거의 없다.

'~ㄹ지'도 한 어미이므로 '갈지, 먹을지'도 마찬가지로 붙여 쓴다. '~지'는 대부분 붙여 쓰지만 '졸업한 지 3년' '밥 먹은 지 2시간 만에' 등 시간을 나타내는 말 뒤에 오는 '지'는 의존명사이므로 띄어 써야 한다. 이처럼 간혹 예외가 있어서 우리말은 어렵다.

~ㄹ망정

'괜찮거나 잘된 일이라는 뜻'을 나타내는 의존명사인 '망정'은 "그 집은 마침 네 눈에 띄었기에 망정이지. 네 눈에 안 뜨이는 그런 집이 이 세상에 얼마나 많은지 너 아니?"처럼 쓸 수 있다.

그런데, 명사가 아니라, 앞 절의 사실을 인정하고 뒤 절에 그와 대립하는 다른 사실을 이어 말할 때 쓰는 연결 어미는 붙여 쓰는 '~ㄹ망정'이라서 "머리는 나쁠망정 손은 부지런하다"에서 '나쁠망정'은 붙여 써야 한다.

~ㄹ뿐더러

'뿐'은 품사 종류가 하나가 아니라서 띄어쓰기가 복잡하다. "이제 믿을 것은 실력뿐이다"에서 명사 다음에 오는 '뿐'은 '그것만이고 더는 없음' 또는 '오직 그렇게 하거나 그러하다는 것'을 나타내는 보조사라서 앞 단어에 붙여 쓴다.

하지만 "소문으로만 들었을 뿐이네"처럼 동사나 형용사 다음에 오는 '뿐'은 어미 '-을' 뒤에 쓰여 다만 어떠하거나 어찌할 따름이라는 뜻을 나타내는 말을 의미하는 의존명사라서 띄어 써야 한다.

그런데 '뿐더러'는 또 얘기가 달라진다. 사전 예문 "라일락은 꽃이 예쁠뿐더러 향기도 좋다"에서 'ㄹ뿐더러'가 하나의 어미라서 앞에 오는 동사나 형용사의 어간에 붙여 쓴다. 'ㄹ뿐더러'는 '어떤 일이 그것만으로 그치지 않고 나아가 다른 일이 더 있음을 나타내는 연결 어미'다.

정리하면, 명사 다음의 '뿐'은 붙이고, 동사나 형용사 다음의 '뿐'은 띄어 쓰지만, '~할뿐더러'는 모두 붙여 쓴다.

~ㄹ수록

'갈수록, 할수록'을 '갈 수록, 할 수록'으로 띄어 쓰는 언론 매체들 부지기수다. 기자들도 이러니 일반인들도 마찬가지일 거다.

'ㄹ수록'은 사전에 '앞 절 일의 어떤 정도가 그렇게 더하여 가는 것이, 뒤 절 일의 어떤 정도가 더하거나 덜하게 되는 조건이 됨을 나타내는 연결 어미'로 나온다. 'ㄹ수록'이 한 어미이므로 붙여 써야 한다.

그런데 이것을 띄어 쓰는 이유는 '~할 수 있다'에서 '수'와 같다고 착각해서다. 여기서 '수'는 '어떤 일을 할 만한 능력이나 어떤 일이 일어날 가능성'을 뜻하는 의존명사이므로 띄어 쓴다. 가능성을 나타내는 '수'는 띄어 쓰고, 'ㄹ수록'은 붙여 쓰자.

'오랜만에'는 왜 붙여 쓰나

'2시간 만에 도착했다. 4년 만에 귀국했다'에서 '만(滿)'은 '날, 주, 달, 해 따위의 일정하게 정해진 기간이 꽉 참을 이르는 말'을 뜻하는 관형사로서, 앞 단어와 띄어 쓴다.

그런데 '어떤 일이 있었던 때로부터 긴 시간이 지난 뒤'라는 의미의 '오랜만에'는 띄어 쓰지 않고 붙여 쓴다. 왜냐하면 '오래간만에'의 준말이기 때문이다. 이런 사실을 모르고 '오랫만에'라고 잘못 아는 사람들도 있다.

그런데 '시간상으로 썩 긴 동안'을 나타내는 단어는 붙여 쓰는 '오랫동안'이다. 간혹 '오랜만에'와 비슷하게 '오랜동안'으로 붙여 쓰는 건 안 된다. '오랜동안'을 사전에 검색해 보면 '오랫동안'으로 가 보라고 화살표 표시가 돼 있다.

지시대명사 '그-, 이-, 저-' 붙여쓰기

지시대명사 '이, 그, 저' 다음에 오는 두 글자짜리 단어는 대부분 붙여 쓴다. 사람을 가리키는 '이분, 그분, 저분, 이놈, 그놈' 시간을 나타내는 '이때, 그때, 이날, 그날, 이달(this month), 그달' 연도를 나타내는 '그해' 장소를 나타내는 '이곳, 저곳, 그곳' 방향을 나타내는 '이쪽, 그쪽, 저쪽' 등 모두 붙여 써야 하는데, 많은 사람이 모른 채 띄어 쓴다. 앞에 열거한 단어들 모두 사전에 수록돼 있다. 한번 확인해 보시라.

그런데 앞의 사례들과 달리, '이날, 그날'은 붙여 쓰지만 '저 날'은 이상하게도 한 단어가 아니다. 우리 속담 중에 '이날 저 날 한다'가 있는데 '일의 결정을 자꾸 미룬다'는 뜻이다.

2023년 4월 24일 '우리말 겨루기'에는 우승자의 달인 도전 2단계 띄어쓰기 문장 중에 '이날 저 날 하며'가 있었는데, 출연자는 '이 날 저 날 하며'로 전부 띄는 바람에 3단계로 올라가지 못했다. 참 어려운 킬러(고난도) 문항이라고 볼 수 있다.

'첫-'을 붙여 쓰는 단어들

'처음'이란 단어는 우리 인생이나 생활에서 매우 중요한 의미를 가지고 있다. 그래서 '첫'으로 시작하는 대다수 단어들은 붙여 쓰는 걸로 사전에 수록돼 있다. 아래 단어들은 쓱 한번 읽고 넘어가면 된다. 한번 읽어서 기억하면 다행이고, 아니면 말고다. 눈에 띄는 단어가 있으면, 국어사전에서 한번 검색해 보면 좀 더 기억에 남을 수 있다.

▲ 첫날, 첫사랑, 첫걸음, 첫걸음, 첫눈(처음 보아서 눈에 뜨이는 느낌이나 인상, 그해 겨울이 시작된 후 처음으로 내리는 눈), 첫인상, 첫발(어떤 것을 시작하는 맨 처음), 첫돌, 첫머리, 첫해, 첫새벽(날이 새기 시작하는 새벽), 첫날밤(결혼한 신랑과 신부가 처음으로 함께 자는 밤), 첫인사, 첫맛(음식을 먹을 때 첫입에 느끼는 맛, 어떤 일을 처음 시작할 때나 어떤 상황에 처음 처했을 때 느끼는 기분), 첫걸음마, 첫나들이(갓난아이가 처음으로 하는 나들이. 시집온 새색시가 처음으로 하는 나들이), 첫술(음식을 먹을 때에, 처음으로 드는 숟갈), 첫딸(첫아이로 낳은 딸), 첫애('첫아이'의 준말), 첫서리, 첫아들, 첫가을(가을이 시작되는 첫머리), 첫행보, 첫손가락(첫째 손가락이라는 뜻으로, '엄지손가락'을 달리 이르는 말. 여럿 가운데 가장 뛰어난 대상), 첫발자국, 첫차(그날의 맨 처음 떠나는 차), 첫손(여럿 가운데 가장 뛰어난 대상), 첫선(처음 세상에 내놓음), 첫판, 첫울음(갓난아이가 처음으로 우는 울음), 첫출발, 첫얼음(그해 겨울에 처음으로 언 얼음), 첫마디(맨 처음으로 내는 말의 한 마디), 첫대목, 첫추위, 첫소리(음절의 구성에서 처음 소리인 자음), 첫더위.

위에 나열한 단어들로 미루어 보면, '첫'으로 시작하는 두 음절 혹은 세 음절짜리 단어들은 그냥 붙여 쓰면 맞을 확률이 높다.

큰코다치다

'큰코다치다'는 사전에 한 단어로 표기돼 있다. '작은 코 다치다'처럼 다른 단어로 바꿔서 쓸 수 있다면 '큰 코 다치다'처럼 띄어 쓰는 게 맞을 텐데, 다른 단어로 대체하지 못하는 유일한 표현이라서 다섯 글자 모두 전부 붙여 쓴다.

마찬가지로, '어처구니없다, 스스럼없다'도 '어처구니 있다, 스스럼 있다'라고 쓰인다면 띄어서 썼을 텐데, 그러지 못하기 때문에 붙여 쓰는 한 단어가 된 거다.

~하다, ~되다, ~받다, ~당하다

명사 뒤에 붙는 '~하다, ~되다, ~당하다'는 붙여 쓴다. 붙여 써야 할 단어를 과도하게 잘못 띄어 쓰는 사람들 적지 않다. '공부하다, 사랑하다'처럼 명사 뒤에 붙어 동사가 되는 '~하다'는 붙여 쓴다.

또한 '가결되다, 사용되다, 형성되다'처럼 명사 뒤에 붙어서 피동의 의미가 되는 '~되다'도 붙여 쓴다. 그리고 '무시당하다, 혹사당하다, 이용당하다'처럼 명사 뒤에 붙어서 피동의 동사가 되는 '~당하다'도 붙이고, '사랑받다, 오해받다, 미움받다'처럼 피동 의미가 되는 '~받다'도 붙여 쓴다.

한마디로, 명사 뒤에 붙는 '하다, 되다, 당하다, 받다'는 붙여 쓰면 얼추 맞다.

'한두, 두세, 서너…' 붙여쓰기

1~2개를 우리말로 나타낼 때 '한 두 개'로 띄어 쓰는 사람들 종종 있다. 숫자를 뭉뚱그려 쓰는 단어는 모두 붙여 쓴다. 한두, 두세, 서너, 네댓, 대여섯, 예닐곱, 일고여덟(일곱여덟 아님)…

붙여 쓰는 이유는 '구천구백구십구'처럼 1만 이하 한글 숫자는 모두 붙이는 원칙 때문이다.

그리고 4~5를 뜻하는 말을 '너댓'이라고 잘못 쓰는 분들 많지만, 옳은 표기는 '너덧, 네댓'이다.

잘 틀리는 외래어 / 외국어

〈ㄱ〉

카톨릭(X) 가톨릭(O)

영어로는 Catholic이라서 이 단어가 붙은 국내 대학 이름을 '카톨릭대학교'로 잘못 아는 이들 수두룩하다. 경기 부천시에 있는 대학은 '가톨릭대학교'로 제대로 적혀 있다.

이 단어는 오랫동안 종교계에서 쓰여온 관례에 따라 '가톨릭'으로 굳어졌다.

'골든 글러브 / 골든 글로브'의 차이

한국 프로야구에서, 한 시즌 동안 활약했던 선수들 중 각 포지션별로 가장 우수한 선수에게 주는 상은 '골든 글러브(golden glove)'다. 상 이름에 맞게 황금 색깔의 장갑 모양 트로피를 준다. 미국 메이저리그에서는 '골드(gold) 글러브'로 한 글자가 다르다.

'골든 글러브'가 스포츠 기사에 나오는 반면 '골든 글로브'는 연예 기사에서 볼 수 있다. 미국 할리우드의 외국인 기자 협회가 그해 최우수 영화의 각 부문과 남녀 배우에게 주는 상이 '골든 글로브(golden globe)'다. '글로브(globe)'는 지구본 혹은 세계를 의미한다.

넷플릭스 드라마 '오징어 게임'이 지난 2022년 79회 '골든 글로브' 시상식에서 작품상을 받을 때, 당시 78세 배우 오영수가 남우조연상을 받은 적 있다.

글래스(X) 글라스(O)

구글에서 만든 안경 형태의 첨단 모바일 기기인 '스마트 안경'이 개발됐을 때 '구글 글래스'라고 표기한 뉴스들 많았다.

'유리로 만든 잔'이나 '안경'을 뜻하는 영어 glass는 외래어 표기법에서 '글래스'가 아닌 '글라스'로 쓴다. sunglass가 국어사전에 '선글래스'가 아니라 '선글라스'라고 나오는 걸 보면 유추할 수 있다.

나르시즘(X) 나르시시즘(O)

그리스 신화의 미소년 '나르키소스'에서 유래한 말로 '자기 자신을 사랑하는 일. 또는 자기 자신이 훌륭하다고 여기는 일'을 '나르시즘'이라고 아는 사람들 숱하다.

하지만 영어 스펠링이 narcissism이라서 '나르시시즘'이 올바른 표기다. 철자를 자세히 들여다보면 이해할 수 있다.

'나이롱환자'가 표준어라고?

오래전에 없어진 KBS 퀴즈 프로그램 '1대 100'(연예인 한 명과 일반인 100명이 출연했던 퀴즈)에서 어려운 상위 문제 중에 '나일론환자, 나이롱환자, 나일롱환자' 3개 중 어떤 게 맞는지 묻는 문제가 있었다.

'환자가 아니면서 환자인 척하는 사람을 익살스럽게 이르는 말'을 사전에서 찾아보면 붙여 쓰는 '나이롱환자'라고 적혀 있다.

'나이롱'은 가짜를 일컫는 말로 나이롱환자, 나이롱 신자 등 모든 사회적 가짜를 말할 때, 나일론 천을 면이 아닌 가짜 면으로 빗대어서 하는 말이다. 원래 '나일론(nylon)'에서 유래하기는 했지만, 완전히 용어가 변질돼서 붙여 쓰는 '나이롱환자'로 국어사전에 올라 있다.

nonsense 넌센스(X) 난센스(O)

“넌센스 퀴즈 하나 낼 테니, 한번 맞혀 볼래?” 어쩌다 한번 들었을 수 있는 문장이다.

‘이치에 맞지 아니하거나 평범하지 아니한 말 또는 일’을 뜻하는 영어 nonsense는 ‘넌센스’가 아니라 ‘난센스’다. 발음 기호가 [naːnsens]라서 그렇고, 국어사전에도 ‘난센스’로 적혀 있다.

서울 대학로에서 자주 무대에 올랐던 연극 ‘넌센스(nunsense)’는 여기서 언급한 것과 완전히 다른 ‘수녀(nun, 넌)’를 소재로 한 작품이다.

네비게이션(X) 내비게이션(O)

‘지도를 보이거나 지름길을 찾아 주어 자동차 운전을 도와주는 장치나 프로그램’인 navigation은 판매 업체 간판에 대부분 ‘네비게이션’이라고 잘못 적혀 있다. 제대로 된 표기는 ‘내비게이션’이다. 간단하게 두 글자로 줄여서 쓰면 ‘네비’가 아니라 ‘내비’로 적어야 한다.

발음 기호가 [nævɪ'geɪʃn]으로 첫 모음이 [æ]로 발음 나서 ‘내-’가 올바르다. 우리나라 운전자들이 영어의 한글 표기에서 ‘내’보다는 ‘네(ne-)’가 익숙해서 그런지 ‘네비게이션’으로 잘못 쓰는 것 같다.

노블레스 오블리제(X) 오블리주(O)

'사회 지도층의 지위에 따르는 도덕적 의무감'을 말하는 noblesse oblige를 스펠링 그대로 '노블레스 오블리제'라고 쓰는 언론 매체들 간혹 있다. 바른 표현은 '노블레스 오블리주'다.

1808년 프랑스 정치가 '가스통 피에르 마르크'가 처음 사용한 것으로 알려지면서, 프랑스어가 어원이 됐다.

참고로, '신기루'를 뜻하는 mirage도 프랑스어가 어원이라서 '미라주'로 쓰며 프랑스산 '미라주 전투기'도 유명하다.

느와르(X) 누아르(O) 영화

'암흑가를 다룬 영화'를 뜻하는 noir는 '느와르'로 흔히 잘못 쓰는 경우 숱하다. 프랑스어가 어원이라서 '누아르'가 바른 단어다. 참고로 프랑스 화가 Renoir는 '르누아르'라고 쓰는 걸 보면 이해가 갈 듯하다.

1981~1995년 프랑스 대통령을 지낸 Francois Mitterrand은 '프랑수아 미테랑'이듯이, 프랑스어 -oi-는 '-우아-'로 표기한다. 따라서 프랑스에서 유래한 '초승달 모양으로 만든 작은 빵'인 croissant은 '크루아상'이라고 쓴다.

'뉴욕타임즈'일까 '뉴욕타임스'일까

미국 언론 New York Times를 '뉴욕타임즈'라고 아는 일반인들 많다. 발음은 '~타임즈'로 날 수 있지만 외래어 표기법에서 ~s를 '~스'로 통일해 놓은 거다. LA 타임스, 파이낸셜타임스 등도 마찬가지다.

그밖에 프로야구단 LA 다저스(류현진 전 소속팀, 일본인 오타니 쇼헤이 소속팀), 세인트루이스 카디널스처럼 ~s로 끝나는 스포츠 구단 이름도 '~즈'가 아닌 '~스'로 쓴다.

하지만 ~ts로 끝나는 경우(피츠버그 파이어리츠, 샌프란시스코 자이언츠(이정후 소속팀))와, ~ds로 끝나는 경우(신시내티 레즈 Reds)는 약간 다르다.

게다가 국내 야구단 KIA 타이거즈와 삼성 라이온즈는 야구단 고유 명사를 한글 '타이거즈, 라이온즈'로 등록해 놓아서 예외라고 볼 수 있다.

이 내용은 신문 등 언론사 기자 지망생들이 기자가 된 후 올바른 기사를 쓰기 위해서 중요하지만, 일상생활에서는 그다지 신경 쓰지 않아도 된다. 그래서 한국어능력시험에 나올 가능성은 희박하다.

〈ㄷ〉

데미지(X) 대미지(O)

뭔가 피해를 보았을 때 '데미지가 있었다'고 얘기한다. 그런데 '대미지'가 바른 표기라면 다들 의아해한다. 영어 damage는 발음 기호가 [dæmɪdʒ]라서 '대미지'가 올바르다.

국립국어원 홈페이지 문답 코너인 '온라인 가나다'에는 '데미지, 대미지' 중 뭐가 맞나라는 질문에 '영어를 한글로 적을 때에 발음을 기준으로 하는데, [dæmɪdʒ]와 같은 발음 기호에서 [æ]를 'ㅐ'로 적는 기준(외래어 표기법)에 따라 '대미지'로 정해진 것으로 보인다'라고 풀이해 놓았다.

데자뷰(X) 데자뷔(O)

'처음 본 것을 이미 본 것처럼 느끼거나, 최초의 경험을 이미 경험한 것처럼 느끼는 현상'을 '데자뷰'로 잘못 쓰는 언론 매체들 있는데, 바른

말은 '데자뷔'다. 원어 deja vu가 영어가 아닌 프랑스어라서 '데자뷔'로 써야 한다.

6인조 걸그룹 '아이브'가 2023년 4월에 발표해서 히트한 노래 'I AM(아이 엠)' 가사 중에 '제일 좋은 어느 날의 데자뷰, 머물고픈 어딘가의 낯선 뷰'란 부분이 있다. 여기서 '데자뷰'는 '데자뷔'가 올바른 표현인데, 뒤쪽 가사 '낯선 뷰'와 라임(rhyme, 운율)을 맞추기 위해 '데자뷰'로 작사했을 수도 있다.

바른 표기를 이해했으면, 한국을 넘어 세계적으로도 잘나가는 아이브 가사에 딴죽 걸지 말고 그냥 넘어가자.

일본의 수도는 영어로 Tokyo인데 왜 '도쿄'라고 쓸까

일본의 도시 이름 중에 로마자 표기인 Tokyo, Kyoto, Chiba를 사전 지식 없이 그대로 읽으면 '토쿄, 쿄토, 치바'라고 쓸 수 있다. 그러나 국립국어원이 정한 이름은 '도쿄, 교토, 지바'다.

'토쿄, 쿄토, 치바'를 발음해 보면 너무 탁하다는 느낌이 든다. 그래서 일본어 표기법에선 말이 너무 거칠어지는 것을 막기 위해, 어두(語頭, 초성)의 ㅌ ㅋ ㅊ 은 ㄷ ㄱ ㅈ으로 쓰라고 나와 있다. 어두가 아닌 어중(語中)과 어말(語末)에선 그대로 ㅌ ㅋ ㅊ 으로 써도 된다.

일본의 유명한 자동차 회사 Toyota는 위에서 말한 원칙대로 써서 '토요타'가 아닌 '도요타'다. 유명한 배우 Kimura Takuya는 '키무라 타쿠야'가 아니라 '기무라 다쿠야'가 맞고, 축구 스타 Kubo Takefusa는

'쿠보 타케후사'가 아니라 '구보 다케후사'로 쓴다. 우리나라 야구 스타 이승엽이 뛴 적 있는 팀 Chiba Lotte는 '치바 롯데'가 아니라 '지바 롯데'라고 언론에 엄청 나왔었다.

여기서 퀴즈 하나. 영어로 Kyushu, Kitakyushu를 바르게 표기해 보세요. 답은 '큐슈, 키타큐슈'가 아닌 '규슈, 기타큐슈'다. 위에서 언급한 원칙을 곰곰이 따져 보면 이해할 수 있다.

〈ㄹ〉

라스베가스(X) 라스베이거스(O)

미국 네바다주의 카지노로 유명한 도시는 Las Vegas다. 스펠링 그대로 놓고 보면 '라스베가스'일 것 같은데 대다수 언론 매체에서 '라스베이거스'라고 쓴다.

영어사전에서 검색하면 발음 기호가 [lɑːs-véigəs]라서 '라스베이거스'가 제대로 된 표기다. 이 명칭은 목초지라는 뜻을 가진 스페인어 vega에서 유래했다.

'라스베이거스'와 비슷한 발음 구조를 가진 지명은 또 있다. 미국 캘리포니아주 남부 도시 San Diego는 스페링 그대로 읽으면 '샌디에고' 일 것 같지만 '샌디에이고[sæn-diéigou]'라고 알려져 있다.

비슷한 발음이 나는 유명한 인물 이름도 하나 생각난다. 버락 오바마 대통령 시절에 국무장관을 지낸 Mike Pompeo는 스펠링만으로 '마이크 폼페오'라고 읽을 수 있지만 뉴스에서 '마이크 폼페이오'라고 귀에 못이 박히도록 들은 적 있다.

(골프) 라운딩(X) 라운드(O)

"지난 주말 친구들과 골프장에 가서 즐거운 라운딩을 했다"처럼 흔히 얘기한다. '골프에서, 경기자가 각 홀을 한 바퀴 도는 일'은 '라운딩'이 아니다. 적합한 단어는 '라운드(round)'라고 국어사전에도 수록돼 있다.

영어 rounding은 골프와 전혀 관련 없는 단어다.

라이센스(X) 라이선스(O)

'행정상의 허가나 면허. 또는 그것을 증명하는 문서. 또는 외국에서 개발된 제품이나 제조 기술의 특허권. 또는 그것의 사용을 허가하는 일'을 뜻하는 영어 license를 많은 사람이 스펠링으로 유추해서 '라이센스'라고 알고 있다. 바른 표기는 '라이선스'다.

왜냐하면 발음 기호가 [laɪsns]라서 원어민들이 '라이슨스'에 가깝게 읽지만, 국어사전에는 '라이선스'로 실어 놓았다.

런닝(X) 러닝(O)머신

'달리기'라는 의미의 영어 running에서 n이 두 개라서 받침까지 넣은 '런닝'이라고 읽는 사람들 적지 않다. 하지만 발음 기호가 ['rʌnɪŋ]이라서 '러닝'으로 쓰고, 미국인과 영국인은 당연히 '러닝'이라고 발음한다.

따라서 방송이나 영화의 상영 길이는 '러닝 타임', 미국 대통령 선거에서 대통령과 함께 출마하는 부통령은 '러닝메이트(running mate)', 운동 경기할 때 선수들이 입는 소매 없는 셔츠는 '러닝셔츠(running shirt)'로 쓴다.

SBS 주말 예능프로그램 '런닝맨'은 외래어 맞춤법으로 보면 잘못된 것이고, 고쳐 쓴다면 '러닝맨'이다.

(가스)렌지(X) 레인지(O)

백화점이나 대형 할인마트에 가전제품 코너에 가 보면 '전자렌지, 가스렌지'라고 쓰여 있는 곳 있다. 영어 range는 [레인지]로 발음하기 때문에 '전자레인지, 가스레인지'가 제대로 된 표현이며 '~렌지'로 줄여 쓸 수 없다.

레크레이션(X) 레크리에이션(O)

'피로를 풀고 새로운 힘을 얻기 위하여 함께 모여 놀거나 운동 따위를 즐기는 일'을 뜻하는 영어는 recreation이다. 이 단어를 '레크레이션'이라고 아는 분들 허다하다.

recreation은 '크리에이션'으로 읽는 creation(창조, 창작)에 접두사 re-가 붙은 거라서 '레크리에이션'으로 표기하는 게 올바르다.

렌트카(X) 렌터카(O)

인터넷 기사를 읽다 보면 '렌트카'라고 쓰여 있는 뉴스 꽤 있는데, 바른말은 '렌터카'다.

'차를 빌리다'를 문장으로 만들면 '렌트 카'가 될 것 같지만 서양에서 오래도록 사용돼 온 '렌터카(rent-a-car)'가 '세를 내고 빌리는 자동차'라는 의미로 국어사전에 적혀 있다.

로맨티스트(X) 로맨티시스트(O)

TV 예능 프로그램에서 '낭만주의자'를 뜻하는 영어 명사를 '로맨티스트'라고 자막에 잘못 쓰는 방송사들 수두룩하다. 영어로 romanticist라서 '로맨티시스트'가 맞다.

'낭만주의'가 '로맨티시즘(romanticism)'인 걸 보면 '로맨티시스트'로 유추 가능할 듯하다.

런칭(X) 론칭(O)

제품 출시를 의미하는 launching을 '런칭'이라고 쓰는 기자들 적지 않다. 옳은 표기는 '론칭'이다. 사전에 launch의 발음 기호가 [lɔːntʃ]라고 적혀 있어서 그렇다.

대다수 기업들의 보도 자료에 '런칭'으로 나오다 보니 기자들이 확인하지 않고 그대로 옮겨 쓰는 경향이 있다. 국립국어원에서 권하는 순화어는 '사업 개시'다.

루즈벨트(X) 루스벨트(O) 대통령

제26대 미국 대통령인 Theodore Roosevelt를 학창 시절 기억을 더듬어 당신한테 써 보라면 '테오도르 루즈벨트'라고 쓸 수 있다. 하지만 국립국어원 외국어 표기법으로는 '시어도어 루스벨트'다.

'루스벨트'라고 가르쳐 주기 전까지는, 대부분의 기자들이 기사 속에 '루즈벨트'라고 잘못 쓴다.

국립국어원 홈페이지에 들어가 '용례 찾기'를 누른 뒤 Roosevelt를 입력하면 '루스벨트'라고 나온다. 그 페이지에 유명한 외국인 영어 스펠링을 입력하면 국어원에서 정해 놓은 한글 표기가 뜬다.

미국의 목사이며 흑인 인권운동가로 1964년 노벨 평화상을 받은 Martin Luther King은 누가 알려주지 않으면 '마틴 루터 킹'이라고 잘못 쓰는데, 국립국어원 '용례 찾기'에 검색해 보면 '마틴 루서 킹'으로 뜬다. Luther의 th는 티읕(ㅌ)이 아니라 시옷(ㅅ)으로 써야 해서 그렇다.

릴렉스(X) 릴랙스(O)

'휴식을 취하다, 긴장을 풀다'라는 의미의 영어 relax를 많은 사람이 '릴렉스'라고 잘못 알고 있고, 기자들도 잘못 쓰는 경우 숱하다.

발음 기호가 [rɪ'læks]이고 두 번째 모음 발음이 [æ]라서 '릴랙스'가 맞는다. '릴렉스'라고 잘못 쓰는 이유 중의 하나는 발음이 비슷한, 유명한 고급 시계 브랜드 중에 '롤렉스(ROLEX)'가 있어서 그런 듯하다. '롤렉스'는 뒤쪽 모음 발음이 [e]라서 '롤렉스'로 쓴다.

〈ㅁ〉

테니스 매니아(X) 마니아(O)

'어떤 한 가지 일에 몹시 열중하는 사람. 또는 그런 일'을 뜻하는 영어 mania는 대다수 사람들이 '매니아'라고 말하지만, 국어사전에 '마니아'로 올라 있다. 영어 발음은 [메이니어]에 가깝다.

'마니아'로 쓰는 이유에 대해 국립국어원은 "'마니아'는 이미 관용으로 굳어진 표현이기 때문에 사전에도 '마니아'만 싣고 있다. 지금은 영어의 원래 발음이 많이 알려져 있어서 외래어 표기법으로 굳어진 어휘보다 그 발음에 따라 발음하고 쓰는 경우가 있지만, '마니아'의 경우는 그 원래 발음과는 다르게 이미 오래전부터 그렇게 써 와서 관용으로 굳어졌기 때문에 그것을 인정한 것이다"라고 설명한다.

메뉴얼(X) 매뉴얼(O)

영어 manual은 '내용이나 이유, 사용법 따위를 설명한 글'이다. 영어 발음 기호까지 구체적으로 공부하지 않은 사람은 '메뉴얼'이라고 잘못 쓰기도 하지만 바른 표기는 '매뉴얼'이다. 발음 기호가 [mænjuəl]이라서 앞쪽 발음 기호 [æ]를 따라 '매뉴얼'이 타당하다.

메사추세츠(X) 매사추세츠(O)

미국 동북부에 있는 주. 주도(州都)는 보스턴. 청교도가 최초로 개척한 곳으로, 각종 공업이 발달했으며, 하버드 대학 등 문화 기관이 집중되어 있는 Massachusetts州.

스펠링을 자세히 들여다보지 않고 주위에서 그냥 들은 대로 '메사추세츠'라고 쓰는 기자들이 상당수 있다. 발음 기호가 [mæ̀sətʃúːsits]라서 발음을 영어 그대로 하면 '매서추시츠'에 가깝지만, 표기는 '매사추세츠'로 사전에 나온다. 맨 앞의 모음 발음이 [æ]라서 '매-'가 된 거다.

영어를 전공이나 부전공으로 배우지 않은 이들이 볼 때 쉽지 않다.

맨하탄(X) 맨해튼(O)

미국 뉴욕시 중심부에 있는 섬. 또는 그 섬을 차지하는 구(區). 허드슨강, 이스트강, 할렘강에 둘러싸여 있다. 금융 · 상업의 중심지이며, 국제 연합 본부 · 컬럼비아 대학 · 엠파이어스테이트 빌딩 · 록펠러 센터 따위가 있는 Manhattan.

스펠링을 글자 그대로 읽으면 '맨하탄'이지만 국어사전에는 '맨해튼'이라고 기록돼 있다. 왜냐하면 발음 기호가 [mæn'hætn]이라서 발음 나는 대로 써서 '맨해튼'이 됐다.

〈ㅂ〉

바리케이트(X) 바리케이드(O)

'바리케이트 속 펼쳐진 윤석열 탄핵 찬반 집회.' 윤석열 대통령 탄핵 심판 선고를 앞두고 나왔던 한 언론 매체의 제목이다.

우리나라를 포함해 어느 나라나 대규모 시위에서 자주 나오는 단어인 barricade(흙이나 통, 철망 따위로 길 위에 임시로 쌓은 방어 시설)는 '바리케이트'가 아니라 '바리케이드'다.

끝부분 스펠링이 t가 아니라 d라서 그렇다(독일어에서 유래했다면 d로 끝날 경우 '트'로 쓰기도 하지만).

발렛파킹(X) 발레파킹(O)

'백화점, 음식점, 호텔 따위의 주차장에서 주차 요원이 손님의 차를 대신 주차하여 주는 일'은 '발렛파킹'이 아니라 '발레파킹'이다.

valet parking의 앞 단어 valet를 영어로 착각해서 '발렛파킹'으로 아는 사람들 많지만, 어원이 프랑스어라서 '발레파킹'으로 표준국어대사전에 수록돼 있다. 국립국어원이 정해 놓은 순화어는 '대리 주차'다.

(국회의원) 뱃지(X) 배지(O)

'배지'는 4년마다 국회의원 선거 때 단골로 등장하는 단어다. 또 '금배지'는 국회의원의 대명사로 자주 등장한다.

영어 badge의 표기법은 '뱃지'가 아니라 '배지'다. 발음 기호가 [bædʒ]로 배+지[dʒ]가 된다. '배'에 시옷 받침이 들어갈 이유가 없다.

'뱃지'로 틀리게 쓰는 이유는 발음을 [뺏지]처럼 세게 하다 보니 그런 듯하다. 마찬가지 원리로 bridge는 '브릿지'가 아니라 '브리지'가 된다.

또 '투자 대상국의 통화 가치가 하락하면 생기는 환차손을 막기 위해 환매 시 환율을 현재 시점의 환율로 미리 고정해 두는 것'을 말하는 '환헤지(hedge)'의 표기도 같은 원리다.

바통 터치(X) 배턴 터치(O)

'릴레이 경기에서, 앞 주자가 다음 주자에게 넘겨주는 막대기'를 뜻하는 영어 baton 은 프랑스어 표현 '바통'과 영어 표현 '배턴'이 모두 국어사전에 복수 표준어로 올라 있다. '바톤'이나 '바턴'은 표준어로 인정 안 된다.

그런데 '릴레이 경기에서, 달리는 주자가 다음 주자에게 배턴을 넘겨주는 일'을 뜻하는 baton touch는 '배턴 터치'만 인정한다.

'바통'은 표준어로 인정하면서 '바통 터치'가 안 되는 이유는, '바통'은 프랑스어식 발음이고, '터치'는 영어 발음이라서 두 가지 언어를 섞어서 쓰진 않기 때문으로 보인다.

배팅 / 베팅

당신은 '베팅'과 '배팅'을 구별할 수 있을까. 영어 전공이나 부전공으로 공부한 극소수자들을 제외하고는 아마도 헷갈리는 사람들 허다하다.

'내기(도박)'를 의미하는 '베팅(betting)'은 영어 모음 발음이 [e]이므로 'ㅔ'로 표기하고, 야구의 타격을 의미하는 '배팅(batting)'은 야구 방망이(bat, 배트)에서 온 단어로서 발음 기호가 [bǽtiŋ]이라서 'ㅐ'로 쓴다.

또한 bat엔 박쥐란 뜻도 있어서 영화 'batman'은 '베트맨'이 아니라 '배트맨'이다.

(실리콘) 벨리(X) 밸리(O)

원래 '계곡, 골짜기'란 의미의 valley를 붙인 미국의 전자 산업체 단지를 '실리콘 벨리'라고 잘못 쓰는 언론 매체들 있다. 바른 단어는 '실리콘 밸리'다. valley[væli]는 발음 기호에 따라 '밸리'로 표기한다.

그러나 배꼽을 드러내고 추는 춤은 '벨리(belly) 댄스'가 마땅하다. 가운데 영어 모음이 e라서 그렇다. 영어의 한글 표기는 모음에 따라 달라진다.

벤치마킹 / 벤치마크

두 단어가 엄연히 다른데, 같은 뜻인 줄 아는 사람 많다. 우리가 주로 쓰는 단어는 '벤치마킹(bench-marking)'이다. '벤치마크(bench-mark)'는 전문 분야를 제외하고는 쓸 일이 거의 없다.

사전에는 다음과 같이 실려 있다. [벤치마킹 : 경쟁 업체의 경영 방식을 면밀히 분석하여 경쟁 업체를 따라잡음. 또는 그런 전략], [벤치마크 : 토지의 높이를 측량할 때 표고(標高)의 기준이 되는 점]

비지니스(X) 비즈니스(O)

중고등학교 영어 시간에 business의 모음 '아이(i)'가 소리 나지 않는 묵음이라서 '비지니스'가 아니라 '비즈니스'라고 배운 것 기억 나십니까.

오래전 기억이 가물가물한 분들은 스펠링 그대로 읽어서 '비지니스'라고 잘못 쓴다.

Vienna 비엔나(X) 빈(O)

영어로 Vienna가 나오면 사전(事前) 지식 없는 분들은 오스트리아 수도를 '비엔나'로 쓴다. 그러나 중고등학교 때 세계 지리에서 배웠듯이 오스트리아 수도는 '빈'이다.

'비엔나'는 영어식 표현이고, 지명을 현지 발음으로 표기하는 원칙에 따라 Wien을 독일어식으로 읽는 '빈'이 바르다. 오스트리아는 독일어를 사용한다.

러시아 수도 Moscow가 나오면 '모스코우'라고 읽는 사람은 없고 모두 '모스크바'로 잘 쓰는데, 오스트리아 수도는 엄청나게 틀린다.

〈ㅅ〉

싸이클(X) 사이클(O)

'자전거'를 뜻하는 영어 cycle을 대부분 '싸이클'이라고 읽는다. 발음은 세게 할 수 있지만 표기는 '사이클'이다. '사이클'엔 '주기(週期)'나 '순환'이란 뜻도 있다.

영어의 한글 표기에서 초성에 쌍시옷은 들어가지 못한다. 따라서 '자외선 차단제'는 '썬크림'이 아니라 '선크림(sun cream)'이고, 서명은 '싸인'이 아니라 '사인(sign)'으로 써야 한다.

음악 형식의 하나인 sonata는 '소나타'가 맞지만, 현대자동차에서 나오는 제품 이름은 '쏘나타'라고 고유명사 등록을 해 놔서 언론 기사에서 '쏘나타'라고 쓰고 있다. 그리고 스페인어로 '성스러운 신앙'을 뜻하는 Santa Fe는 '산타페'라고 쓰지만, 현대차 중형 SUV는 '싼타페'로 고유명사 등록돼 있다. 하지만, 이 내용은 한국어능력시험이나 언론사 시험에 나올 일이 없다.

San Jose 산호세 / 새너제이

San Jose. 이 단어는 도시 이름인데, 중부 아메리카 코스타리카의 수도이기도 하고, 미국 캘리포니아주에 서부에 있는 도시이기도 하다.

영어 사전에 검색해 보면 '새너제이 : 미국 캘리포니아주 서부의 도시'라고 나오며, 바로 밑에 '산호세 : 중앙아메리카 코스타리카 공화국의 수도'로 적혀 있다

San Jose를 미국에서는 영어식 발음으로 '샌호제이'처럼 말하지만, 한글 표기는 '새너제이'라고 정해 놓았다. 하지만 코스타리카는 스페인어를 쓰기 때문에, J는 ㅎ으로 쓰기 때문에 '산호세'로 읽는다. 참고로 '새너제이'는 방송인 서장훈이 농구 선수 시절 유학을 갔던 곳이라서 그 당시 널리 알려졌다.

같은 스펠링을 다르게 읽는 단어는 또 있다. Birmingham은 미국과 영국에 있는 도시 이름인데, 영국 잉글랜드 중부에 있는 공업도시는 '버밍엄[bə́:rmiŋəm]'으로 읽고, 미국 앨라배마주 북부 도시는 '버밍햄[bə́:rmiŋhæ̀m]'이라고 발음한다.

유명한 단어 Notre Dame도 그렇다. 프랑스 파리에 있는 대성당은 보통 알고 있듯 '노트르담'이다. 하지만 미국 인디애나주에 있는 대학교 이름은 위의 스펠링을 영어식으로 읽는 '노터데임대학교'다.

여기서 말한 내용은 매우 지엽적인 사항이라서, 아마도 한국어능력시험 같은 데서는 절대 나올 것 같지 않다. 기자 지망생이 아니라면 그냥 상식으로 알아두면 좋을 듯하다.

(창틀) 섀시(X) 새시(O)

'철, 스테인리스강, 알루미늄 따위를 재료로 하여 만든 창의 틀'을 지칭하는 영어 sash는 '샤시, 섀시'가 아니라 '새시'로 국어사전에 수록돼 있다. sash[sæʃ]를 표기법대로 쓰면 '새시'다.

참고로 자동차 용어인 '자동차 따위의 차대(車臺)' chassis[ˈʃæsi]는 '섀시'라고 사전에 적혀 있다.

정리하면, 창틀은 '새시', 자동차 차대는 '섀시'다. 이 두 단어 모두 시험에 나올 것 같지는 않다.

shadow 쉐도우(X) 섀도(O)

인터넷 뉴스에 보면 화장품 관련 기사에 '아이 쉐도우'란 표현 나온다. 그늘이나 그림자를 의미하는 영어 shadow는 '쉐도우'가 아니라 '섀도'라고 사전에 적혀 있다.

'섀도'가 들어가는 단어로는 '섀도복싱(상대편이 앞에 있다고 가정하고 공격 · 방어 · 풋워크 따위를 혼자서 연습하는 일)' '섀도 캐비닛(야당에서 정권을 잡았을 경우를 예상하여 조직하는 내각)' '섀도 플레이(야구에서, 공을 가지지 아니하고 수비 위치에 서서 동작만으로 수비를 연습하는 일)' 등이 있다.

(밀크)쉐이크(X) 셰이크(O), (카)쉐어링(X) 셰어링(O)

'우유에 달걀, 설탕 따위를 섞어 꿀과 향료를 더한 것을 기계로 휘저어 만든 음료'인 milk shake는 대부분의 카페나 햄버거 체인점에 '밀크쉐이크'로 쓰여 있다. 옳은 표기는 '밀크셰이크'다. 외래어 표기법에서 영어 sh의 발음 [ʃ]는 모음 앞에서는 '시'로 적기 때문이다.

그래서 '한 대의 차를 여러 사람이 나누어 빌려 쓰는 일'인 car sharing은 '카쉐어링'이 아니라 '카셰어링'으로 써야 알맞다.

면도용 크림을 의미하는 영어 shaving cream은 '셰이빙 크림'이다.

(라면) 스프(X) 수프(O)

대부분의 라면 봉지 속 작은 비닐봉지 겉면에 '라면스프'라고 쓰여 있다. 하지만 '라면수프'가 제대로 된 사용이다. 영어로 soup의 외래어 표기법은 '수프'이기 때문이다.

그뿐만 아니라 양식 먹을 때 가장 먼저 나오는 soup도 '스프'가 아니라 당연히 '수프'다.

수트(X) 슈트(O), 수퍼마켓(X) 슈퍼마켓(O), 수퍼맨(X) 슈퍼맨(O)

'super-'가 '수퍼-'인지 '슈퍼-'인지 헷갈리는 사람들 숱하다. 결론부터 말하면 '슈퍼-'다.

'슈퍼맨'과 '슈퍼마켓'이 표준국어대사전에 등재되어 있으므로 '슈퍼-'로 써야 한다. 영어 표기법은 영국식 위주다.

일부 신문에서 미국식 발음을 따서 '수퍼맨, 수퍼마켓'이라고 쓰고 있지만 공식 표기법은 아니다. 예전에 나온 영화 제목도 '수퍼맨 리턴즈'처럼 나왔지만 이것 역시 맞는 것은 아니다. 영화 표기는 국립국어원에서 검열하지 않으므로 제작사가 틀리게 써도 어쩔 수 없다.

'한 벌의 양복'을 뜻하는 suit도 '수트'가 아니라 '슈트'다. 한국 사회가 미국 발음 위주로 영어를 배우고 있으나 미국 영어가 전부는 아

니다. 지구촌엔 미국식 영어보다 영국식 영어를 쓰는 나라가 훨씬 많다.

스노우(X) 스노(O)

영어 snow는 '스노우'라고 발음을 하지만, 외래어 표기법에 따르면 '스노'다. 관련된 어휘를 국어사전에서 찾아보면 '스노보드, 스노타이어' 등으로 기록돼 있다. 자세히 말하자면 영어로 ~ow로 끝나는 단어는 '~오우'가 아닌 '~오'로 쓰고 있다.

yellow card를 '옐로카드', show window를 '쇼윈도', shadow를 '섀도', bow tie를 '보타이', 핸드볼에서 penalty throw는 '페널티스로', bowling을 '볼링'으로 쓰는 것과 같은 이치다.

원, 투, 쓰리(X) 스리(O)

영어 three는 발음 기호가 [θriː]라서 [쓰리]에 가까운 발음을 내야 한다. 하지만 로마자 표기에 쌍시옷은 없어서 '스리'로 쓴다.

야구 용어 three-run homerun은 '스리런 홈런' '고고도미사일방어체계'인 THAAD는 '사드', death note는 '데스 노트'가 적합한 표기다. 결국 th는 쌍시옷이 아니라 시옷으로 써야 올바르다.

영어 등 서양어의 한글 표기에는 쌍시옷이 없지만, 동양에서는 중국과 일본어에 쌍시옷이 들어간다. 중국 지명인 '쓰촨성(四川省)'도 그 중 하나다. 일본어에는 '지진해일'을 의미하는 '쓰나미'도 있고, 기업 이름인 '미쓰비시(三菱)', 2003년부터 10년간 미국 프로야구에서 뛰었던 '마쓰이 히데키'도 귀에 익다.

스왑(X) 스와프(O)

경제 용어로 '상호 이득을 위하여 증권, 금리, 통화 등을 교환하는 일'은 영어로 swap다. '교환, 바꾸다'를 의미하기도 하는 이 단어는 '스왑'이 아니라 '스와프'로 사전에 실려 있다. 경제 뉴스에서 자주 쓰이는 단어로는 '통화 스와프'가 있다.

스탭(X) 스태프(O)

방송국이나 영화 촬영 현장에서 제작진(연기자를 제외한 연극, 영화, 방송의 제작에 관계하는 모든 사람)을 영어로 나타내는 staff를 '스탭'이나 '스텝'으로 자막에 잘못 쓰는 방송 매체들 종종 있다. 바른말은 '스태프'다.

외래어의 한글 표기에서 '에프(f)'는 받침으로 들어가지 않는다. 사전에는 가급적 '제작진'으로 순화하라고 나온다.

운동경기에서 '선수들을 지도하는 사람들의 진용'을 '코칭스태프

(coaching staff)'라고 한다.

스트로우(X) 스트로(O)

'빨대'를 영어로 '스트로우'라고 아는 사람들 있다. 스펠링이 straw이고 발음 기호가 [strɔː]라서 '스트로'가 맞다. 영어의 한글 표기는 발음 기호대로 따라간다.

스프링쿨러(X) 스프링클러(O)

불이 났을 때 천장에서 물 뿌려지는 소화 장치를 '스프링쿨러'라고 아는 이들 많지만 '스프링클러'가 옳다.

영어 동사 sprinkle(스프링클, 뿌리다)에 기계를 나타내는 –er이 붙어서 'sprinkler'라는 명사가 나온 거다. 일반적으로 물이 나오면 시원해진다는 생각 때문에 '쿨(cool)'을 넣는 것이 느낌으로 맞다고 생각하는 사람들이 많지만 '스프링클러'는 '스프링'이나 '쿨'과는 아무런 관계가 없다.

마찬가지로 잠수를 즐기는 스포츠 역시 시원한 물속이라는 느낌 때문에 '스노쿨링'이라고 잘못 쓰는 경우가 있는데, 영어로 'snorkeling'이기 때문에 발음대로 '스노클링'이라고 써야 한다.

(리더)쉽(X) (리더)십(O), (멤버)쉽(X) (멤버)십(O)

영어 -ship는 발음 기호가 [-ʃɪp]이라서 실제로 원어민들은 [-쉽]이라고 읽는다. 하지만 외래어 표기법에서 [ʃ]는 모음 앞에서는 '시'로 적고, 자음 앞이나 어말에서는 '슈, 시'로 표기한다고 쓰여 있다.

그래서 membership은 '멤버십', leadership은 '리더십'으로 쓰고, shrimp는 '슈림프', 미국 지명 Nashville은 '내슈빌', 전 미국 대통령 Bush는 '부시'라고 쓴다. 마찬가지로 fish는 '피시', girl crush는 '걸크러시', flash는 '플래시'다.

과거 유명했던 미국 여배우 Brooke Shields는 '브룩 쉴즈'가 아니라 '브룩 실즈'로 쓰는 이유는 위에서 말한 원칙 때문이다.

〈ㅇ〉

아웃렛 / 아울렛

'제조업자가 직영하는 할인 매장. 할인된 상품만을 전문적으로 판매하는 점포'는 영어로 outlet이라서 보통명사로는 '아웃렛'이 맞는 표기다.

그런데 '아웃렛'의 발음이 다소 어려운 탓인지 대기업들은 '신세계아울렛, 롯데아울렛'처럼 고유명사로 등록해 놓았다.

보통명사와 고유명사의 표기가 다르다 보니, 일부 언론에서는 고민

끝에 고유명사를 따라 '아울렛'으로 통일해서 쓰기도 한다.

알러지(X) 알레르기(O)

병원에 가면 의사들 얘기에 귀 기울여 보면 '알러지'라고 발음하는 걸 알 수 있다. 하지만 바른 표기는 '알레르기'다.

Allergie의 어원이 영국이나 미국이 아닌 독일이기 때문이다. '알레르기'의 순화어는 '과민 반응, 거부 반응'이다.

알콜(X) 알코올(O)

음주 운전 사고 관련 뉴스에서 '혈중알콜농도'라고 종종 나오는데,

옳은 표기는 '알코올'이다.

'알코올(alcohol)'을 줄여 '알콜'이라고 생각해서 잘못 쓰는데, 영어 발음이 [ælkəhɔːl] '앨커홀'에 가깝게 발음되고 h가 묵음이 아니다.

일본 지명 '오오사카'를 줄여서 '오사카'로, 영어 team을 '티임'이 아니라 '팀'으로 외래어의 장음을 줄여서 적는 원칙과는 다소 차원이 다르다.

또한 '알코올'과 같은 유형의 화합물인 '에탄올, 메탄올' 등과의 관련성을 밝혀주기 위해서이기도 하다.

앙케이트(X) 앙케트(O)

2024년 9월 한 방송 뉴스에 "단일 시즌 최초 관중 1,000만 명 시대, 야구팬 150명을 대상으로 야구에 대해 재미로 보는 앙케이트를 실시했다"는 문장 있었다. 여기서 '앙케이트'는 맞는 단어일까.

'사람들의 의견을 조사하기 위하여 같은 질문을 여러 사람에게 물어 회답을 구함. 또는 그런 조사 방법'을 의미하는 enquête는 국어사전에 '앙케트'라고 실려 있다. 프랑스에서 유래한 말이라서 '앙케트'가 표준어가 됐다.

앵콜(X) 앙코르(O)

콘서트에서 관객들이 가수를 향해 노래를 추가로 불러달라고 할 때 '앵콜'이라고 외치는데 제대로 된 표기는 '앙코르'다.

왜냐하면 encore의 어원이 영어가 아닌 프랑스어이기 때문이다. 외래어 표기법에선 그 단어가 유래된 나라의 발음을 따르고 있다. 그래서 '앵콜'이 아닌 '앙코르'다. 국립국어원에서 정해 놓은 순화어는 '재청(再請)'이다.

악세사리(X) 액세서리(O)

'복장의 조화를 도모하는 장식품'을 뜻하는 영어 accessory를 일반인들은 스펠링 그대로 유추해서 '악세사리'라고 부른다. 하지만 외래어 표기법에서는 원어민 발음 [æksésəri]를 따라 '액세서리'로 국어사전에 쓰여 있다.

자동차 엑셀(X) 액셀(O)을 밟았다

발로 밟는 자동차의 가속 장치를 이르는 영어는 accelerator다. 영어 발음에 따라 '액셀러레이터'라고 쓰며 줄여 쓸 경우 '엑셀'이 아니라 '액셀(accel)'이다.

하지만 자동차가 아니라, 컴퓨터로 문서 작업을 할 때 쓰는 프로그램은 '엑셀(exel)'이다. 외래어 표기는 모음 하나의 차이로 바뀌는 경우가 숱하다.

앰버서더(X) 앰배서더(O)

어느 단체나 도시의 홍보대사를 의미하는 ambassador를 방송에서 '앰버서더'라고 자막에 나오는 걸 자주 봤다. 필자는 중고등학교 영어 시간에 '대사'를 '앰배서더'라고 배웠다. 요즘 학생들에게는 '앰버서더'라고 가르치는 영어 선생님이 있을 것 같진 않다.

발음 기호가 [æm'bæsədə(r)]이고 두 번째 모음 발음이 [æ]라서 '앰[배]서더'가 올바르다. 서울 중구 장충동에 있는 '앰배서더 서울 풀만 호텔'은 '앰배서더'를 바르게 쓴 업체다. 이 호텔에 다니는 직원들은 '앰버서더'라고 틀리게 사용하지 않을 것 같다.

네이버 같은 포털사이트에 '앰버서더'라고 쳐 보면 틀린 경우가 득실득실하다. 길에 다니다가 혹시 마주치는 미국인 있다면 ambassador를 어떻게 발음하는지 한번 물어보라. '앰배서더'라고 답할 거다. 정체모를 단어 '앰버서더'가 도대체 어디서 나타난 건지 아직도 이해가 안 간다.

워라벨(X) 워라밸(O)

'일과 삶의 균형'을 의미하는 영어 work-life balance는 '워크 라이프 밸런스'라고 읽는다. 따라서 이 단어를 줄여 쓰면 앞 글자를 따서 '워라밸'이다.

'밸런스'의 준말이라서 '-밸'인데, '워라벨'로 쓰는 분들 적지 않다. 그 이유는 영어에서 '밸'보다는 bell 같은 단어 때문에 '벨'이 익숙해서 그런 듯싶다.

마찬가지로, 영어 '배'보다는 '베'가 익숙해서인지 아이스크림 전문점 baskin robbins는 '배스킨라빈스'가 맞는데, 스펠링을 눈여겨보지 않은 사람은 '베스킨라빈스'로 잘못 알고 있다.

⟨ㅈ⟩

자켓(X) 재킷(O)

'보통 털실 따위의 모직물로 만드는, 앞이 터지고 소매가 달린 짧은 상의'나 '음반의 커버'를 뜻하는 영어 jacket은 스펠링을 그대로 읽어서 '자켓'이라고 널리 쓰인다. 하지만 영어 발음 [ˈdʒækɪt]이 '재킷'에 가까워서 국어사전에 '재킷'으로 수록돼 있다.

쥬얼리(X) 주얼리(O)

보석류를 뜻하는 영어 jewelry를 한글로 적을 때 '쥬얼리'라고 쓰는 사람들 숱하다. 옳은 표기는 '주얼리'다. 외래어 표기법에서 ㅈㅊ 같은 구개음(口蓋音, 입천장소리) 다음에 ㅛㅕㅑㅠ 같은 복모음이 오지 못해서 그렇다.

반면, 가수 박정아 서인영 등이 속했던 '쥬얼리'는 2001년 3월 데뷔한 걸그룹 이름인데, 외래어 표기법을 고려하지 않고 지어졌다.

zip line 짚 라인(X) 집 라인(O)

양편에 설치된 와이어로프(wire rope)를 타고 높은 곳에서 아래쪽을 향해 빠르게 하강하며 스릴과 자연을 느낄 수 있는 야외 레포츠로, 전국 곳곳에 있는 놀이기구인 zip line은 '짚 라인'이라고 적혀 있다. '짚 트랙(zip track), 짚 와이어(zip wire)'라고 써 놓은 데도 있다.

적절한 표기는 '집 라인, 집 트랙, 집 와이어'다. zip이 '짚'이 아니라 '집'인 이유는, 외래어 표기법에서 ㅍ 받침은 없고 ㅂ으로 쓰기 때문이다. cup은 '컾'이 아니라 '컵'으로, '감자칩'의 chip는 '칲'이 아니라 '칩'으로 쓰는 걸 보면 이해할 수 있다.

〈ㅋ〉

'가디건'이 틀린 단어였다니! 카디건(O)

"백화점 의류 코너에 가디건 하나 예쁜 거 진열돼 있던데, 하나 사러 갈까." 모든 옷 가게에 한결같이 잘못 쓰여 있는 '가디건'은 '카디건'이어야 한다.

영어로 cardigan으로, 맨 앞 스펠링이 g가 아니라 c라서 그렇다. 옷 가게에 제대로 표시될 날이 있을지 궁금하다.

카운셀링(X) 카운슬링(O)

'심리적인 문제나 고민이 있는 사람에게 실시하는 상담 활동'을 뜻하는 영어 counseling을 스펠링 그대로 '카운셀링'으로 쓰곤 한다.

영어사전에 발음 기호는 [káunsəliŋ]으로 나와서 [카운설링]에 가깝게 발음되지만, 국어사전에는 '카운슬링'이라고 기록돼 있다.

칼럼리스트(X) 칼럼니스트(O)

언론매체에 칼럼을 쓰는 사람을 가리키는 단어는 '칼럼리스트'가 아니라 '칼럼니스트'다.

'column'일 때는 'n'이 묵음이라서 '칼럼'인데 사람을 뜻하는 '-ist'가 붙으면 n 발음이 살아나서 '칼럼니스트'가 된다. 우리에게 익숙한 '메달리스트(medalist)' 같은 단어가 있어서 헷갈리는 듯하다.

캡쳐(X) 캡처(O)

기자들이 사진의 출처를 밝힐 때 '캡쳐'라고 잘못 쓰는 경우 적지 않다. 옳은 표기는 '캡처(capture)'다. 마찬가지로 '쥬스(juice), 챠트(chart)'가 아니라 '주스, 차트'가 맞다.

상어 나오는 유명한 영화 '죠스'도 바른 맞춤법으로 표기하면 '조스'다. 포스터에 나온 고유명사라서 할 수 없이 언론에서 써 줬던 것뿐

이다.

유명한 영화 '어벤져스'도 제대로 된 표기는 '어벤저스'다. 외래어 표기에서 ㅈㅊ 같은 구개음 다음에 ㅛㅕㅑㅠ 같은 복모음이 오지 못한다. 왜냐하면 복모음을 넣어 발음해도 단모음처럼 들리기 때문이다.

한글 대화체에서 '~이죠'는 '~이지요'의 준말이고, 백종원 씨가 방송에 자주 쓰는 충청도 사투리인 '~이쥬'는 '~이지유'의 준말인 것처럼, 우리말에서도 준말 아닌 상태의 '쟈 죠 쥬 챠 쳐 츄'라는 글자는 존재하지 않는다.

콜라보레이션(X) 컬래버레이션(O)

"블랙핑크 로제와 브루노 마스의 콜라보레이션 노래인 '아파트'가 2024년 10월에 나오자마자 선풍적인 인기를 끌었다." 앞의 기사처럼 '콜라보레이션'이라고 즐겨 쓰고 있는 collaboration의 바른 표기법은 발음 기호 [kəˌlæbəˈreɪʃn] 그대로 '컬래버레이션'이다.

줄여서 쓸 땐 '콜라보'가 아니라 '컬래버'로 쓴다. 국립국어원에서 권하는 순화어는 '협업, 합작, 공동 작업'이다.

컬럼비아 / 콜롬비아

당신은 콜롬비아(Colombia)와 컬럼비아(Columbia)의 차이를 구분

할 수 있을까.

스펠링 중에서 딱 한 글자 모음만 다르다.

남미에 있는 나라 이름은 '콜롬비아'이고, 미국 뉴욕주에 있는 명문 대학은 '컬럼비아 대학', 펜실베이니아州와 미주리州의 도시 이름도 '컬럼비아'가 있고, 캐나다의 서남부에 있는 州 이름은 '브리티시 컬럼비아주'다.

컬럼비아는 근대 라틴어 지명학으로 크리스토퍼 콜럼버스(아메리카 대륙 발견자)의 'columb-'에서 사용되는 성과, 접미사인 여러 나라(예를 들면, 갈리아 Gallia)의 흔한 라틴어 이름 '-ia'가 합성된 것이다. 따라서 이 말의 의미는 '콜럼버스의 나라'라는 의미다.

이 내용은 기자들이 기사 쓸 때나 필요하지, KBS '한국어능력시험'이나 언론사 입사 시험에 나올 사항은 아니다.

케익(X) 케이크(O)

생일이면 떠오르는 게 미역국 말고도, 제과점에서 파는 cake가 있다. 보통 '케익'이라고 줄여 쓰지만 옳은 표기는 '케이크'다. 영어 사전에 발음 기호가 [keɪk]로 나와서 그렇다.

'케이크'는 우리말로는 3음절이지만 영어로는 모음이 [ei] 하나라서 1음절로 볼 수 있는데, 대다수 1음절 영어 단어들의 마지막 자음이 대체로 받침으로 들어가지 않는다. 이런 단어는 '히트(hit)' '페트(pet)병' '커트(cut)' '히프(hip)' '도그(dog)' '헤이트(hate)' 등도 있다.

컨셉(X) 콘셉트(O), 컨퍼런스(X) 콘퍼런스(O)

자주 사용되는 외래어인 conference(회의, 학회)와 concept(개념)를 '컨퍼런스, 컨셉'이라고 잘못 쓰는 사람들 수두룩하다.

국립국어원에서 정해 놓은 단어는 '콘퍼런스, 콘셉트'다. 뉴스에서 잘못 쓰는 '컨퍼런스, 컨셉'은 언론사에 전달된 보도자료 등에 잘못 나와서 잘못 쓴 경우라고 볼 수 있다.

참고로 미국 발음[kɑːnfərəns]은 '칸퍼런스'에 가깝다.

큐피트(X) 큐피드(O)의 화살

'로마 신화에 나오는, 나체에 날개가 달리고 활과 화살을 가진 아이 모습인, 사랑의 신'은 Cupid다. 영어 발음이 ['kjuːpɪd]라서 '큐피드'가 맞고, '큐피트'로 적으면 잘못이다.

〈ㅌ〉

타겟(X) 타깃(O)

표적이나 목표물을 의미하는 영어는 target이라서 스펠링 그대로 읽으면 '타겟'이라고 읽을 수 있다. 하지만 영어 사전을 뒤져 보면 발음 기호가 ['tɑːrgɪt]이라서 '타깃'으로 써야 한다.

스펠링이 똑같은 미국의 대형 할인점 체인인 Target은 당연히 '타깃'이다.

타이페이(X) 타이베이(O)

대만의 수도는 영어 스펠링이 Taipei라서 사전 지식 없이 그대로 읽으면 '타이페이'다. 그런데, 외래어 표기법은 현지 발음은 우선으로 하기 때문에 '대북(臺北)'의 현지 발음이 '타이베이'에 가까워서 '타이베이'로 쓴다. 실제 발음은 중국어 전공자들에게 물어보면 [타이뻬이]에 가깝다.

중국의 수도 北京을 '베이징'으로 쓰는 걸 보면 이해가 쉬울 듯하다. 실제 발음은 [뻬이징]에 근접한다.

타이즈(X) 타이츠(O)

'주로 발레나 체조 따위를 연습할 때 입는, 몸에 달라붙어 꼭 끼는 하의'나 '주로 어린이들이 방한용으로 신는, 허리까지 오는 긴 양말'은 뭐라고 부를까.

대부분의 옷 가게에서 '타이즈'라고 잘못 적혀 있는 단어의 적합한 표기는 '타이츠'다. 영어로 tights이기 때문이다. '타이츠'도 물론 국어사전에 실려 있다.

데킬라(X) 테킬라(O)

'멕시코 원산의 독한 술' tequila는 대부분의 바(bar)나 술집에 '데킬라'로 잘못 쓰여 있다. 스페인어가 어원이라서 '테킬라'가 올바른 단어다.

영국 템즈강(X) 템스강(O)

영국의 본섬 잉글랜드 남부를 흐르는 강인 Thames강은 발음 기호가 [témz]지만, 복수 형식으로 끝나는 ~s를 발음할 때 두 가지인 '즈'와 '스'를 하나로 통일해서 '-스'로 쓰기로 한 외래어 표기법에 따라 '템스강'이라고 쓴다. 국어사전에 '템스강'이라고 등재돼 있다.

트래킹(X) 트레킹(O)

'도보 여행'은 영어로 trekking이고 모음이 e라서 발음 기호가 [e]이므로 '트레킹'으로 표기한다. 뜻은 '전문적인 등산 기술이나 지식 없이도 즐길 수 있는 산악 자연 답사 여행'을 의미한다. 그러므로 여행 관련

기사에서 나오는 건 모두 '트래킹'이 아니라 '트레킹'이다.

영어 스펠링을 모른 채 '트래킹'으로 잘못 쓰는 이유는 자주 쓰이는 일상 단어 중에 아마도 '트랙' 같은 단어가 있어서 그런 듯하다.

반면 '트래킹(tracking)'이란 단어도 있긴 하다. '트래킹'은 '인공위성 따위의 비행체를 추적하고 관측하여 그 궤도 및 위치를 정하는 일'로 과학이나 우주 관련 부문에 한정돼서 쓴다.

결론은, 평상시에 우리가 일상에서 자주 쓰는 단어는 '트래킹'이 아니라 '트레킹'이고 순화어는 '도보 여행'이다.

영어 모음 때문에 자주 틀리게 쓰는 단어는 trend도 있다. 간혹 '트랜드'라고 잘못 쓰는 사람들 적지 않은데, 영어 모음이 e라서 '트렌드'가 올바르다.

티켓팅(X) 티케팅(O)

임영웅, 아이유 같은 인기 정상의 가수들이나 아이돌 그룹의 콘서트에 가기 위한 티켓 구매 전쟁은 어제오늘 일이 아니다. 티켓을 구매하는 일을 가리켜 영어로 '티켓팅'이라고 곧잘 쓰지만 제대로 된 표기가 아니다.

ticket은 '티켓'이지만 뒤에 -ing가 붙으면 ㅅ받침이었던 t가 뒤로 빠지면서 '티케-팅'으로 바뀐다. market을 '마켓'이라고 쓰지만 -ing가 붙은 marketing은 '마케팅'으로 올바르게 쓰는 걸 보면 유추할 수 있다.

음악의 한 종류로, 1950년대 미국에서 발행한 대중음악인 rock은 '록'으로 쓴다. 하지만 rock에다 and roll이 붙은 뒤 줄어든 rock'n'roll은 '록큰롤'이 아니라 '로큰롤'로 국어사전에 나오는 걸 보면 이해할 수 있지 않을까.

〈ㅍ〉

퍼머(X) 파마(O)

머리 모양을 뜻하는 영어 'Permanent wave'를 줄여 'Perm'이라 부르다 보니 최근 '펌' 혹은 '퍼머'라는 단어가 즐겨 사용되고 있다.

하지만 표준어는 '파마'로서, 영어 'permanent'가 변화해 일상적으로 사용되고 굳어지면서 '파마'로 사용하게 됐다. 외래어 표기 세칙상 '퍼머'로 쓰는 것이 맞는 것 같지만, 외래어 표기법 1장 5항 "이미 굳어진 외래어는 관용을 존중하되, 그 범위와 용례는 따로 정한다"라는 원칙에 따라 이미 굳어진 기존의 표기법을 표준어로 규정하고 있다.

판넬(X) 패널(O)

건축용 널빤지를 흔히 '판넬'이라고 잘못 말한다. 영어로 panel인데 발음 기호가 [ˈpænl]이라서 '패늘'에 가깝게 발음되지만 표기법은 '패널'이라고 사전에 나와 있다. '판넬'이라고 잘못 쓰이는 이유는 영어 단어를 스펠링 그대로 발음해서 그렇다.

'널빤지' 말고도, 토론 방송에 출연해 여럿이 의견을 나누는 사람도 '패널'이라고 부른다.

패널티(X) 페널티(O)

운동 경기에서, 선수가 규칙을 위반했을 때 심판이 내리는 벌칙인 penalty에서 앞쪽 모음 스펠링이 a가 아니라 e라서 사전에 발음 기호가 [e]로 나와 있으므로 '페널티'가 마땅하다. 자주 쓰이는 단어로 축구 용어인 '페널티킥(penalty kick)'이 있다.

호일(X) 포일(O)

주방에서 자주 쓰는 은박지는 대부분의 상품에 '호일'로 쓰여 있어서 일반인들이 잘못 알고 있다. 영어 스펠링이 foil이라서 '포일'로 국어사전에 나온다.

국어사전에 검색해 보면 '금, 알루미늄 따위의 금속을 종이같이 얇게 편 것. 특히 요리나 포장에 쓰는 알루미늄박을 이른다'라고 설명이 돼 있다.

포크레인(X) 포클레인(O)

'유압을 이용하여 기계 삽으로 땅을 파내는 차'인 Poclain은 '포크레인'이 아니라 '포클레인'이라고 써야 한다. 가운데 자음인 엘(L)은 ㄹ 발음이 앞뒤로 모두 가기 때문이다. claim을 '크레임'이 아닌 '클레임'이라고 하는 것을 생각해 보면 유추할 수 있을 것이다.

푸켓(X) 푸껫(O), 호치민(X) 호찌민(O)

Ho Chi Minh[胡志明]은 베트남의 혁명가이자 정치가다. 인도차이나 공산당을 창설하여 베트남의 독립운동을 이끌었으며, 1945년 베트남 민주 공화국의 성립과 더불어 국가 주석에 취임하여 북베트남에서 사회주의 건설의 기초를 마련했다.

과거에는 한국 한자음으로 '호지명' 혹은 원어 발음을 따라서 '호치민'이라고 표기했으나 2004년 외래어 표기법 베트남어에 관한 세칙이 추가된 후에는 '호찌민'이라고 쓴다. 그러나 완전히 정착되지 않아 영화나 다큐멘터리, 관련 서적 등에서 옛 표기를 간간이 볼 수 있다. 국어사전에 '호찌민'으로 올라 있다. 그의 이름을 딴 베트남 남부 도시도 당연히 '호찌민'이다.

베트남뿐만 아니라 태국 등 동남아 국가들의 지명도 '호찌민'처럼 된소리 표기로 바뀌었다. 태국의 남부 휴양 섬 Phuket은 예전에 '푸켓'으로 썼지만, 지금은 '푸껫'이 제대로 된 단어다.

후라이드(X)치킨, 프라이드(O)치킨

온 국민의 최애 야식이자 간식인 fried chicken은 치킨집에 '후라이드치킨'이라고 돼 있지만 '프라이드치킨'이 적절한 단어다.

영어의 f는 ㅎ이 아니라 ㅍ으로 쓰기 때문이다. 우리가 누군가를 격려할 때 자주 외치는 '화이팅'도 영어 스펠링이 fighting이라서 '파이팅'으로 써야 한다.

프렌차이즈(X) 프랜차이즈(O)

'가맹점'을 의미하는 영어 franchise를 '프렌차이즈'로 잘못 쓰는 분들 적지 않다. 발음 기호가 [fræntʃaɪz]로 첫 모음 발음이 [æ]라서 '프랜차이즈'로 써야 알맞다.

프로포즈(X) 프러포즈(O)

'어떤 사람에게 자신과 결혼하기를 청하는 일'을 뜻하는 '청혼'은 영어로 'propose'다. '프로포즈'라고 잘못 쓰기도 하는데, 발음 기호가 [prəpoʊz]라서 '프러포즈'라고 쓰면 맞다.

프리젠테이션(X) 프레젠테이션(O)

'신제품 · 작품 등에 대한 발표나 설명'을 뜻하는 영어 presentation을 '프리젠테이션'이라고 나오는 행사나 뉴스 꽤 있다. 옳은 표기는 '프레젠테이션'이다.

동사 '프리젠트(present)'가 명사로 바뀌면 악센트(accent, 강세) 위치가 바뀌면서 presentation이 되고 이 단어는 '프레젠테이션'으로 발음한다. 사전에 '프리젠테이션'을 뒤져 보면 고려대 한국어대사전에 '프레젠테이션'의 비표준어라고 수록돼 있다.

플랜카드(X) 플랭카드(X) 플래카드(O)

'긴 천에 표어 따위를 적어 양쪽을 장대에 매어 높이 들거나 길 위에 달아 놓은 표지물'을 많은 사람이 '플랜카드'나 '플랭카드'로 잘못 쓴다. '계획'을 뜻하는 '플랜(plan)'과 관련 있다고 잘못 생각해서 '플랜카드'로 쓰는 듯하다.

하지만 영어로 placard이므로 '플래카드'가 바른 표기다. 국립국어원에서 정한 순화어는 '현수막, 펼침막'이다.

fitness center 휘트니스(X) 피트니스 센터(O)

헬스클럽을 지칭하는 fitness center는 '피트니스센터'가 맞는 표기다. '프라이드치킨'에서 언급한 대로 영어의 f는 ㅎ이 아니라 ㅍ으로 적기 때문이다.

〈ㅎ〉

헐리우드(X) 할리우드(O)

미국 캘리포니아주 로스앤젤레스 서북쪽에 있는, 영화 제작이 활발

한 곳으로 유명한 곳이 Hollywood다. 이 단어를 사전 지식 없이 대충 읽어서 '헐리우드'라고 아는 이들 부지기수다.

미국 현지 발음이 [ha:liwʊd]라서 '할리우드'라고 읽으며 국어사전에도 '할리우드'라고 실려 있다.

서울 종로구 낙원동의 낙원상가에는 미국 지명을 따서 1967년 개관한 '허리우드극장'이 있었는데, 2008년 실버영화관으로 바뀌면서 '허리우드클래식'으로 이름을 바꿨다. 이름을 바꿀 때 '할리우드클래식'으로 바꿨으면 좋지 않았을까 하는 생각이 든다.

외국 지명들 붙여쓰기

2024 파리올림픽과 관련된 기사를 유심히 봤다면, 일부 기사에 '센 강, 프랑스 어'처럼 띄어 쓴 것을 볼 수 있다. 하지만 '센강, 프랑스어'처럼 붙여 쓰는 게 올바르다.

예전에는 외국 지명 뒤에 붙는 '해, 섬, 강, 산, 산맥, 고원, 인, 족, 어…' 등이 외래어에 붙을 때는 띄어 쓰고(그리스 어, 게르만 족, 발트 해, 나일 강, 에베레스트 산, 발리 섬, 우랄 산맥, 데칸 고원), 고유어나 한자어에 붙을 때는 붙여 써 왔다(만주족, 지중해, 낙동강, 남이섬, 개마고원, 태백산맥 등).

그러나 2017년에 관련 규정을 삭제함에 따라, 앞에 어떤 말이 오느냐에 관계없이 일관되게 붙여 쓴다(그리스어, 게르만족, 발트해, 나일강, 에베레스트산, 발리섬, 우랄산맥, 데칸고원 등).

표준국어대사전에는 없지만, 고려대 한국어대사전에는 있는 단어

간절기 / 환절기

"송윤아는 세련된 '간절기' 패션을 제안하며 여성미를 과시했다." 연예 기사에 나온 적 있는 문장이다. 여기서 '간절기'는 '환절기'로 바꿔야 한다.

'한 계절이 끝나고 다른 계절이 올 무렵의 그사이 기간'을 나타낸 '간절기(間節氣)'는 표준국어대사전에 없는 단어다. '간절기'는 패션이나 의류업계에서 지어낸 말로 추정된다.

그런데 '간절기'는 네이버 사전에 쳐 보면 풀이 밑에 '고려대 한국어대사전'이라고 적혀 있다.

깨방정 / 개방정

“그는 시도 때도 없이 깨방정 댄스를 춘다.” 이 문장을 눈앞에 들이밀면 뭐가 잘못된 줄 도저히 모르겠죠?

‘온갖 점잖지 못한 말이나 행동을 낮잡아 이르는 말’은 표준국어대사전에 ‘개방정’으로 적혀 있다. 우리가 평소에 발음을 세게 하는 경향이 있다 보니 ‘깨방정’으로 잘못 쓰고 있다.

하지만 고려대 한국어대사전에는 ‘깨방정’을 ‘진중하지 못하고 경망스럽게 하는 말이나 행동을, 깨를 볶을 때 통통 튀는 모습에 빗대어 이르는 말’이란 설명을 붙여 놓았다. ‘깨방정’이 먹는 ‘깨’와 관련 있다는 얘기다.

혹시라도 한국어능력시험이나 언론사 입사 시험에 ‘깨방정, 개방정’ 중 맞는 말을 고르라면 표준국어대사전에 나오는 ‘개방정’을 선택해야 한다.

수입산 / 외국산

식품의 원산지를 나타낼 때 ‘호주산 쇠고기, 칠레산 포도, 필리핀산 바나나’처럼 나라 이름을 붙여서 쓴다. 그런데 ‘수입산 쇠고기’라는 표현에서 ‘수입’이라는 나라는 없다. 제대로 된 말은 ‘수입 쇠고기, 외국산 쇠고기’다. ‘수입산’은 표준국어대사전에 없다.

하지만 고려대 한국어대사전에는 ‘수입산’을 ‘외국에서 사들인 물건을 아울러 이르는 말'로 올려놓았다.

울그락불그락 / 붉으락푸르락

일상생활에서 쓰는 단어 중에 '울그락불그락'이라고 들은 적 있을 것이다. 하지만 이 단어들은 표준국어대사전에 나오지 않는다.

'몹시 화가 나거나 흥분하여 얼굴빛 따위가 붉게 또는 푸르게 변하는 모양'을 나타내는 부사는 '붉으락푸르락'이 적합한 것으로 '아버지는 몹시 화가 나신 듯 얼굴이 붉으락푸르락 달아올랐다'처럼 쓴다.

하지만 고려대 한국어대사전엔 '울그락불그락'을 '사람이 매우 화가 나거나 흥분하여 얼굴빛 따위가 몹시 붉게 변하는 모양을 나타내는 말'로 실어 놓았다.

주구장창 / 주야장천

연예 기사에 다음과 같은 문장 있었다. "영화 '도리화가' 주연 수지 "판소리 주구장창 들으니 나아지더라." 여기서 '주구장창'이라는 단어는 사자성어가 와전되어 잘못 쓰이는 말이다. 올바른 단어는 '주야장천(晝夜長川)'이다.

밤낮없이 연달아서 흐르는 시냇물을 의미하는 이 한자 성어는 '밤낮으로 쉬지 않고 연달아'라는 부사다.

고려대 한국어대사전에는 '주구장창'이 '주야장천'에서 변한 말이라고 등재돼 있다.

2024년 9월 2일 KBS '우리말 겨루기' 방송엔 '(주야장천 / 주구장창) 기다리다'의 두 단어 중 어떤 게 맞는지 고르는 문제가 있었다. 이 퀴즈 프로그램은 표준국어대사전을 바탕으로 하기 때문에 '주야장천'이 정답이다.

진검승부

'진검승부(眞劍勝負)'는 일본어를 그대로 옮겨놓은 단어다. 사자성어(四字成語)인 줄 착각하는 사람도 있지만 사자성어가 아니라서 표준국어대사전에서는 찾아볼 수 없다.

하지만 고려대 한국어대사전에는 '진짜 칼로, 이기고 짐을 가린다는 뜻으로, 건성이 아니라 본격적으로 겨뤄 흥미진진한 싸움을 이르는 말'이라고 적혀 있다.

국립국어원 홈페이지에서 '다듬은 말' 코너로 들어가서 '진검승부'를 검색하면 '생사 겨루기, 정면 대결, 최종 대결'이 순화어라고 뜬다.

질색 팔색을 했다 / 칠색 팔색을 했다

2025년 봄 화제를 모은 넷플릭스 드라마 '폭싹 속았수다'의 주연 아이유의 대사 중에 "나 결혼식 때 우는 애들 아주 질색팔색이다"가 있다. 틀린 데가 없는 것 같지만 표준국어대사전으로 따지면 '질색팔색'은 '칠색 팔색'으로 바로잡아야 한다.

'몹시 싫어하거나 꺼림'이란 의미의 명사는 '질색(窒塞)'이다. 그런데 일상에서 '질색팔색'도 많이 쓰인다. 하지만 표준국어대사전에는 '질색팔색'이란 단어가 없다. 다만 '칠색(七色) 팔색 하다'가 관용구로 올라 있다. 얼굴색이 7가지로 변할 만큼 매우 질색을 한다는 뜻이다.

그럼 '질색팔색'은 맞지 않는 말일까? '질색팔색'은 '질색'에 '팔색'이 붙은 단어로 볼 수 있다. 이때 '팔색'은 국어사전에 없지만 운율을 맞추기 위해 이용된 것으로, 별다른 의미가 없다.

우리말엔 앞말 뒤에 특별한 뜻은 없지만 비슷한 단어를 나열함으로써 운율을 맞추는 표현이 꽤 있다. '곤드레만드레'의 '만드레' '눈치코치'의 '코치' '흥청망청'의 '망청' '알나리깔나리'의 '깔나리' '미주알고주알'의 '고주알'이 음의 장단을 위해 붙인 말이다(우리가 흔히 쓰는 '얼레리꼴레리'는 '알나리깔나리'가 바른말이다).

이런 현실을 반영해 고려대 한국어대사전엔 '질색팔색'을 실어 놓았다. 이 사전은 '질색팔색'을 '눈치코치' '곤드레만드레' '미주알고주알' 처럼 비슷한 형태의 말이 반복되는 단어로 보고 올린 것이다. 국립국어원보다 현실 언어를 좀 더 적극적으로 반영한 듯하다.

2024년 5월 7일 '우리말 겨루기'에선 4명 중 우승자의 달인 도전 1단계 양자택일 3문제 중 '칠색 / 질색 팔색을 하다'가 있었다. '우리말 겨루기'는 표준국어대사전을 기반으로 하기 때문에 '칠색 팔색을 하다'가 정답이다. 이날 출연자는 당연히 '질색 팔색을 하다'를 선택해서 달인 도전 2단계 문제를 보지도 못했다.

실전 문제 140선 (표준국어대사전 기반)

* 105개 이상 맞히면 우수, 86~104개는 보통, 85개 이하는 분발을

1. 마라톤 신기록 (갱신 / 경신)은 주로 아프리카 선수들이 한다.
2. 약속 장소 정하면 내가 거기로 (갈께 / 갈게).
3. 김 씨는 안주머니에서 담배 한 (개비 / 개피 / 가치)를 꺼내어 물었다.
4. 날씨가 1시간 만에 거짓말처럼 활짝 (개였다 / 개었다).
5. 제발 (바라건대 / 바라건데) 정신 좀 차려라.
6. 그는 소맷자락을 (걷어붙이고 / 걷어부치고) 설거지를 하고 있다.
7. 불길이 (걷잡을 / 겉잡을) 수 없이 번져 나갔다.
8. 그 건설회사는 명성에 (걸맞은 / 걸맞는) 아파트를 지을 거라고 밝혔다.
9. 우리 회사 공식 유니폼은 (검정색 / 검은색)이다.
10. 올해 입시에서 우리 학교가 가장 높은 (경쟁율 / 경쟁률)을 기록했다.
11. 이 물건은 (내 거 / 내 꺼) 중에 최고라고 생각한다.
12. 폭락하기 직전 암호화폐를 샀으면 집안이 (절단 / 결단 / 결딴)날 뻔했다.

13. 카드로 음식값을 (결제 / 결재) 했다.
14. 오늘 점심은 짜장면 (곱배기 / 곱빼기)로 정했다.
15. 약을 먹은 효과가 (금새 / 금세) 나타났다.
16. 이 사과는 (껍데기가 / 껍질이) 너무 두껍다.
17. 사업에서 첫 단추를 잘 (꿰어야 / 끼워야) 성공할 수 있다.
18. 그는 알아듣지 못할 정도로 (나지막히 / 나지막이) 중얼거렸다.
19. 사회 초년생들이 오늘 첫발을 (내딛었다 / 내디뎠다).
20. (※틀린 단어 고르기) 지난 모임에는 (너댓 / 네댓 / 너덧) 명이 나왔다.
21. 그는 한동안 드라마 출연을 자제하겠다는 뜻을 (내비췄다 / 내비쳤다).
22. 그는 (늘상 / 노상) 웃고 다닌다.
23. 우리 강아지는 감기에 걸리면 (눈곱 / 눈꼽)이 많이 낀다.
24. 그런 부자가 치료비가 없다는 것은 한마디로 (넌센스 / 난센스)다.
25. 한두 번 도둑질을 해도 별 탈이 없자 그는 더욱 (대범하게 / 대담하게) 나왔다.
26. 우리 집은 식구가 적어서 살림이 (단출 / 단촐)하다.
27. 지난주엔 온 가족이 모여 김치를 (담궜다 / 담갔다).
28. 시장해서 그런지 식은 밥을 간장에 비벼 먹어도 밥이 (다디달다 / 달디달다).
29. 우리 팀 4번 타자는 항상 찬스에서 대량득점의 불씨를 (댕긴다 / 당긴다).
30. (가든지 말든지 / 가던지 말던지) 마음대로 해라.

31. 엉뚱한 사람에게 (덤터기 / 덤탱이) 씌우지 마라.
32. 들판이 온통 눈으로 (덮힌 / 덮인) 광경이 장관이었다.
33. 우리 아들은 변호사가 (되서 / 돼서) 큰 법률 회사에서 일한다.
34. 잘못은 네가 해 놓고 (되레 / 되려) 나한테 화를 내면 어떡해?
35. 한참을 웃었더니 수술한 자리가 (당겼다 / 땅겼다).
36. 제품이 출시되자마자 날개 (돋힌 / 돋친) 듯이 팔려 나갔다.
37. 그녀는 입속으로 그 말을 몇 번이고 (되뇌었다 / 되뇌였다).
38. 월급에다 상여금까지 (두둑히 / 두둑이) 받으니 얼마나 좋아.
39. (※틀린 단어 고르기) 그의 말이 (두리뭉실 / 두루뭉실 / 두루뭉술) 하여 의미가 분명치 않다.
40. 우리나라는 삼면이 바다로 (둘러쌓여 / 둘러싸여) 있어서 해산물이 풍부하다.
41. 어머니는 편지봉투의 (뒷편 / 뒤편)에 바뀐 주소를 썼다.
42. 아들은 성적이 남들보다 (뒤쳐지자 / 뒤처지자) 이를 악물고 공부했다.
43. 자식 (뒤치닥거리 / 뒤치다꺼리) 죽을 때까지 하게 생겼다.
44. 내 동생은 (뒤통수 / 뒷통수)가 잘생겼다.
45. 코로나19가 극성일 땐 병원마다 일손이 (딸렸다 / 달렸다).
46. 그는 목이 마르다며 물을 벌컥벌컥 (들이켠 / 들이킨) 후 말을 이었다.
47. 퇴근하는 길에 포장마차에 (들렸다가 / 들렀다가) 친구를 만났다.
48. 그는 공공연히 그 사실을 (떠벌리고 / 떠벌이고) 다녔다.
49. (뜨뜨미지근 / 뜨뜻미지근)하던 방바닥이 한기를 느낄 정도로 식

어 버렸다.

50. 대화는 열기를 (띠기 / 띄기) 시작했다.

51. 공원엔 붉은빛을 (띈 / 띤) 장미가 흐드러지게 피어 있었다.

52. 대형 산불은 경상북도의 산과 들을 (싸그리 / 깡그리) 집어삼켰다.

53. 대통령 후보들은 두 번의 (맞장 / 맞짱) 토론을 한다.

54. 수수께끼에 대한 답을 정확하게 (맞추면 / 맞히면) 상품을 드립니다.

55. 그는 잠에서 깬 뒤에도 한참을 침대에서 (밍기적거렸다 / 뭉그적거렸다).

56. 나는 너무 기뻐 목이 (메었다 / 메였다).

57. 오늘이 (며칠 / 몇일)이지?

58. 군인들은 어깨에 배낭을 (매고 / 메고) 100킬로미터를 걸었다.

59. 아버지는 이발사의 굳은살 (박인 / 박힌) 손을 바라보았다.

60. 형은 3년 동안 사법시험에 (번번히 / 번번이) 떨어졌다.

61. 차가운 맥주를 (보냉 / 보랭) 용기에 담아서 나들이하였다.

62. 저 석탑은 백제 양식을 (본따 / 본떠) 제작됐다.

63. 우리 집 강아지는 (복실강아지 / 복슬강아지).

64. 동생은 불법 도박 사이트에서 큰돈을 (배팅 / 베팅)했다가 빈털터리가 됐다.

65. 고속도로를 달리다가 옆 차와 (부딪치는 / 부딪히는) 교통사고가 났다.

66. 국회는 열띤 토론 끝에 그 문제를 표결에 (부쳤다 / 붙였다).

67. 술 마신 다음 날 최고 아침 메뉴는 (북어국 / 북엇국)이다.

68. 어젯밤 라면을 먹고 잤더니 얼굴에 (붓기 / 부기)가 약간 있다.

69. 그는 염치 (불구하고 / 불고하고) 나에게 돈을 빌려 달라고 말했다.

70. 신문에서는 이 사건을 고위 관리들의 말을 (빌어 / 빌려) 보도했다.

71. 태풍으로 인해 가로수들이 (뿌리채 / 뿌리째) 뽑혔다.

72. 일이 꺼림칙하게 되어 가더니만 결국 (사단 / 사달)이 났다.

73. 라면 끓일 때는 냄비에 먼저 (수프 / 스프)부터 넣어야 맛있다.

74. 그 학생은 시험을 앞두고 밤을 (새서 / 세서 / 새워서) 공부를 했다.

75. 선생님 질문에 (서슴지 / 서슴치) 말고 대답해라.

76. 그를 만나러 갈 생각에 벌써부터 마음이 (설레인다 / 설렌다 / 설랜다).

77. 소(牛)의 수컷은 (숫소 / 수소)다.

78. 해외여행을 가려면 부모님의 (승낙 / 승락)이 있어야 한다.

79. 우주의 신비는 아직도 베일에 (싸여 / 쌓여) 있다.

80. (쓰잘데기 / 쓰잘머리) 없는 소리 하지 마라.

81. 우리 집 앞에 (아구찜 / 아귀찜) 음식점이 생겼다.

82. 언니는 거짓말이 들통날까 봐 (안절부절못했다 / 안절부절했다).

83. 어머니는 솥에 쌀을 (앉히러 / 안치러) 주방으로 갔다.

84. (※틀린 단어 고르기) 그는 (애시당초 / 애당초 / 애초)부터 장사에는 뜻이 없었다.

85. 내가 당신을 (얼마큼 / 얼만큼) 사랑하는지 알아?

86. 걔는 가난뱅이 주제에 (어쭙잖게 / 어줍잖게) 자가용을 산대?

87. (여태껏 / 여지껏) 뭐 하다 이 밤중에 숙제를 하는 거냐?

88. 도지사는 연초부터 내년 총선 출마를 (염두하고 / 염두해 두고 / 염두에 두고) 있었다.

89. 비가 (올는지 / 올런지) 습한 바람이 불기 시작했다.

90. 그녀의 코는 다른 사람들에 비해 유독 (오뚝하다 / 오똑하다).

91. 사극 영화나 드라마 속에서 (옥의 티 / 옥에 티)를 찾는 마니아들이 종종 있다.

92. (우유갑 / 우유곽)을 재활용하면 많은 생활용품을 만들 수 있다.

93. 그는 책들을 가방에 (욱여넣었다 / 우겨넣었다).

94. 아이가 사탕을 한 (웅큼 / 움큼) 집었다.

95. 선생님은 불의의 사고로 (운명을 / 유명을) 달리했다.

96. (왠지 / 웬지) 가슴이 두근거린다.

97. (윗층 / 위층)으로 올라가는 계단은 어둡고 삭막했다.

98. 구령에 맞추어 학생들은 (일사분란 / 일사불란)하게 움직였다.

99. (※틀린 단어 고르기) 주전 선수들의 (잇딴 / 잇단 / 잇따른) 부상으로 전력에 문제가 생겼다.

100. 경찰은 사건을 수사하다가 (애먼 / 엄한) 사람에게 누명을 씌울 뻔했다.

101. 나는 (자랑스런 / 자랑스러운) 태극기 앞에 조국과 민족의 무궁한 영광을…

102. 정부는 학계에 자문을 (구하여 / 하여) 환경 보호 구역을 정하였다.

103. 그는 자물쇠로 책상 서랍을 (잠갔다 / 잠궜다).

104. 바람이 많이 부니 외투의 단추를 단단히 (잠구고 / 잠그고) 가거라.

105. 갓난아이들은 처음에 엄마한테 곤지곤지와 (잼잼 / 죔죔)을 배운다.

106. 부디 우리의 신뢰를 (저버리지 / 져버리지) 말고 평화를 위해 애써 주십시오.

107. '위에서 내리눌러 밟다'라는 뜻의 동사는 (즈려밟다 / 지르밟다)이다.

108. 그 회사는 부품 대금 납입일이 다가오면서 (절체절명 / 절대절명) 위기를 맞았다.

109. 그는 사업 개시용 (종잣돈 / 종자돈)을 만들기 위해 요즘 주식 투자에 한창이다.

110. 그 점쟁이는 우리 동네에서 (족집게 / 쪽집게)로 소문나 있다.

111. 그는 입술을 (지긋이 / 지그시) 깨물었다.

112. 친구와 커피숍에 가서 딸기 (쥬스 / 주스)를 마셨다.

113. 어머니는 바지의 해어진 부분에 (짜깁기 / 짜집기)를 했다.

114. 거칠 것 없이 보이던 그도 선배의 말에는 (쩔쩔멨다 / 쩔쩔맸다).

115. 너무 (째째하게 / 쩨쩨하게) 굴지 마라.

116. 대학 진학은 부모님의 의견을 (좇기로 / 쫓기로) 했다.

117. (쭈꾸미 / 주꾸미)는 낙지와 비슷한, 문어과의 연체동물이다.

118. 그는 (칠색 / 질색) 팔색을 하며 아니라고 말했다.

119. 그 가게는 주로 명란젓과 (창란젓 / 창난젓)을 판다.

120. 그는 방송 카메라가 돌아갈 때면 다양한 얼굴을 선보이는 (천상 / 천생) 배우다.

121. 큰고모는 (유리천정 / 유리천장)을 뚫고 그 회사의 첫 여성 임원이 됐다.

122. 너를 (철썩같이 / 철석같이) 믿었는데 그렇게 배신할 줄 몰랐다.

123. 어머니는 며칠째 몸도 못 (추슬리고 / 추스리고 / 추스르고) 누워만 계신다.

124. 올해 3분기 (출산율 / 출산률)이 1명 이하로 떨어졌다.

125. 주인에게 내일까지 아파트 잔금을 (치뤄야 / 치러야) 한다.

126. 나를 속인다고? (턱도 / 택도) 없는 일이다.

127. 뱀은 큰 먹이를 (통째로 / 통채로) 삼킬 수 있다.

128. 움푹 (패인 / 파인 / 파여진) 도로에서 교통사고가 자주 일어났다.

129. 추진하던 일이 (파투 / 파토)가 났다.

130. 아버지의 사업 실패로 집안은 (풍지박산 / 풍비박산) 났다.

131. 길가에 걸린 (플랜카드 / 플래카드)는 교통사고 목격자를 찾는다는 내용이다.

132. 친구는 어제 했던 맹세를 (하룻만에 / 하루 만에) 없던 일로 뒤집었다.

133. 점심 내기 화투 놀이에서 내가 (한 끝 / 한 끗) 차이로 졌다.

134. 행사 주최 측에선 주차장 (한켠 / 한편)에 추가로 흡연 부스를 설치했다.

135. 아침에 창문을 열었더니 (해님 / 햇님)이 나를 반긴다.

136. 경쟁에서 이기려면 상대의 (허점 / 헛점)을 간파해야 한다.

137. 공부 안 하고 놀기만 하면 엄마한테 (혼구녕 / 혼구멍 / 혼꾸멍)날 줄 알아.

138. 옆집 여자는 아이를 임신해서 이제 (홀몸 / 홑몸)이 아니다.

139. 어제 과음을 했더니 오전 내내 정신이 (흐리멍덩 / 흐리멍텅) 하다.

140. 저 그림에는 인생의 (희노애락 / 희로애락)이 모두 들어가 있다.

실전문제 정답

1. 경신 2. 갈게 3. 개비 4. 개었다 5. 바라건대 6. 걷어붙이고 7. 걷잡을 8. 걸맞은 9. 검은색 10. 경쟁률 11. 내 거 12. 결딴 13. 결제 14. 곱빼기 15. 금세 16. 껍질이 17. 끼워야 18. 나지막이 19. 내디뎠다 20. 너댓 21. 내비쳤다 22. 노상 23. 눈곱 24. 난센스 25. 대담하게 26. 단출 27. 담갔다 28. 다디달다 29. 댕긴다 30. 가든지 말든지 31. 덤터기 32. 덮인 33. 돼서 34. 되레 35. 땅겼다 36. 돋친 37. 되뇌었다 38. 두둑이 39. 두루뭉실 40. 둘러싸여 41. 뒤편 42. 뒤처지자 43. 뒤치다꺼리 44. 뒤통수 45. 달렸다 46. 들이켠 47. 들렀다가 48. 떠벌리고 49. 뜨뜻미지근 50. 띠기 51. 띤 52. 깡그리 53. 맞짱 54. 맞히면 55. 뭉그적거렸다 56. 메었다 57. 며칠 58. 메고 59. 박인 60. 번번이 61. 보랭 62. 본떠 63. 복슬강아지 64. 베팅 65. 부딪히는 66. 부쳤다 67. 북엇국 68. 부기 69. 불고하고 70. 빌려 71. 뿌리째 72. 사달 73. 수프 74. 새워서 75. 서슴지 76. 설렌다 77. 수소 78. 승낙 79. 싸여 80. 쓰잘머리 81. 아귀찜 82. 안절부절못했다 83. 안치러 84. 애시당초 85. 얼마큼 86. 어쭙잖게 87. 여태껏 88. 염두에 두고 89. 올는지 90. 오뚝하다 91. 옥에 티 92. 우유갑 93. 욱여넣었다 94. 움큼 95. 유명을 96. 왠지 97. 위층 98. 일사불란 99. 잇딴 100. 애먼 101. 자랑스러운 102. 하여 103. 잠갔다 104. 잠그고 105. 쬐쬐 106. 저버리지 107. 지르밟다 108. 절체절명 109. 종잣돈 110. 족집게 111. 지그시 112. 주스 113. 짜깁기 114. 쩔쩔맸다 115. 쩨쩨하게 116. 좇기로 117. 주꾸미 118. 칠색 119. 창난젓 120. 천생 121. 유리천장 122. 철석같이 123. 추스르고 124. 출산율 125. 치러야 126. 턱도 127. 통째로 128. 파인 129. 파투 130.풍비박산 131. 플래카드 132. 하루 만에 133. 한 끗 134. 한편 135. 해님 136. 허점 137. 혼꾸멍 138. 홑몸 139. 흐리멍덩 140. 희로애락

MEMO

기자 최초 우리말 달인이 쓴

맞춤법 상식사전

초판발행일 | 2025년 10월 31일

지은이 | 김형택
펴낸곳 | 도서출판 황금알
펴낸이 | 金永馥

주간 | 김영탁
편집실장 | 조경숙
인쇄제작 | 칼라박스
주소 | 03088 서울시 종로구 이화장2길 29-3, 104호(동숭동)
전화 | 02) 2275-9171
팩스 | 02) 2275-9172
이메일 | tibet21@hanmail.net
홈페이지 | http://goldegg21.com
출판등록 | 2003년 03월 26일 (제300-2003-230호)

값은 뒤표지에 있습니다.

ISBN 979-11-6815-127-7-03700